社区书系

社区工作者常用知识
百问百答系列图书

社区平安建设知识百问百答

陈慧 主编

SHEQU PINGAN
JIANSHE ZHISHI
BAIWENBAIDA

华龄出版社
HUALING PRESS

图书在版编目(CIP)数据

社区平安建设知识百问百答 / 陈慧主编. -- 北京 : 华龄出版社, 2021.12

ISBN 978—7—5169—2140—1

Ⅰ. ①社… Ⅱ. ①陈… Ⅲ. ①社区安全—问题解答 Ⅳ. ①D669.3—44

中国版本图书馆 CIP 数据核字(2021)第 271873 号

策　划	社区部　善爱社工	**责任印制**	李未圻
责任编辑	薛 治　彭 博	**装帧设计**	唐韵设计

书　名	社区平安建设知识百问百答	**作　者**	陈　慧
出　版 发　行	华龄出版社 HUALING PRESS		
社　址	北京市东城区安定门外大街甲 57 号	**邮　编**	100011
发　行	(010)58122255	**传　真**	(010)84049572
承　印	三河市腾飞印务有限公司		
版　次	2022 年 3 月第 1 版	**印　次**	2022 年 3 月第 1 次印刷
规　格	710mm×1000mm	**开　本**	1/16
印　张	12	**字　数**	130 千字
书　号	ISBN 978—7—5169—2140—1		
定　价	48.00 元		

“社区工作者常用知识百问百答系列图书”编委会

为社会基层治理服务，打造社区所需的精品图书
——华龄出版社"社区书系"倾情奉献

"社区书系"是为适应新时代基层社会治理需要，深入贯彻党的十九届四中全会、五中全会关于"构建基层社会治理新格局""社会治理特别是基层治理水平明显提高"的重要部署，落实习近平总书记关于"建立一支素质优良的专业化社区工作者队伍"的指示要求而策划编写的，旨在为社区工作人员提供系统的社区工作理论和方法指导，提高社区工作者的理论素养和工作能力，推进社区治理体系与治理能力现代化。

"社区书系"是一个融图书、视频、服务为一体的新型复合出版工程，内容体系包括三个方面：

纸质图书　通过纸质图书阅读，为社区工作者提供系统的理论和方法指导。

线上课程　通过视频课程、网络直播课程，深化重点知识，解读难点知识。

专家服务　通过线下培训、现场诊断等，解决社区工作中存在的问题症结。

华龄出版社是中国老龄协会主管主办的中央部委出版社，为出版"社区书系"专门成立了"社区部"，全面统筹谋划出版。"社区书系"计划出版图书 200 种，覆盖社区工作各个方面，现面向全国诚邀熟悉社区工作的专家、学者加盟"社区书系"出版计划，一起为中国社区的发展繁荣出一份力！

社区视频培训讲座

前言

社区是城市建设的重要组成部分，也是广大居民群众生活的地方。2020年，习近平总书记在吉林考察时强调，推进国家治理体系和治理能力现代化，社区治理只能加强、不能削弱。社区工作人员在社区治理中直面人民群众，需要时刻联系广大社区居民，协助党和政府做好社区的各种管理与服务。可以说，社区工作人员素质的高低，将决定我国未来社会治理水平的高低。

由于社区工作涉及领域十分广泛，工作任务繁杂琐碎，社区工作者需要了解和掌握很多领域的知识，熟悉一系列最新的政策、法规，掌握一系列行之有效的工作流程、方法，才能够胜任新时代的社区工作。当前，相关领域知识的欠缺、工作能力的不足是很多社区工作者存在的主要问题，缺少高素质的社区工作人员队伍是社区治理现代化面临的重要问题。正是基于这样的分析判断，华龄出版社为了助力建设美好社区，解决当前和今后一个时期社区工作者的迫切需求，提高社区工作者的知识素养和工作能力，推进社区治理能力和治理水平现代化，特别成立了“社区部”，推出了“社区书系”中的一个分系：社区工作者常用知识百问百答系列图书。

该系列图书选取了社区工作非常重要的十个领域——平安建设、政策法律宣传、未成年人教育保护、社会救助、突发事件处理、邻里关系处理、社区养老、婚姻家庭、居民防骗、公益慈善，从每个领域中精选出100

多个常见的问题，以问答的形式呈现出来，并进行科学的分类，便于社区工作者学习参考，学有所用，工作起来更加得心应手。

“社区工作者常用知识百问百答系列图书”有以下几个特点：

1. 内容丰富，知识全面

内容涉及平安建设、政策法律宣传、未成年人教育保护、社会救助、突发事件处理等十大社区工作的重要领域，涵盖了这些领域的一般常识和重要知识。这些知识都是社区工作者需要了解和掌握的。

2. 体例新颖，分类科学

将重要的知识点以问答形式呈现出来，并按照细分工作领域和知识类型将这些问题进行了细致的分类，帮助读者梳理和建构知识架构；还设置有“知识链接”环节，进一步拓宽知识面，帮助读者加深了解和掌握。

3. 专家团队，倾力打造

本系列图书由著名社会学家陈慧教授领衔主编，众多社会学专家、学者、资深图书编辑组成了庞大的编写团队，确保图书内容权威、理念先进、思想前卫，切中了当前社区工作中的问题和广大社区工作者的迫切需求。

4. 通俗易懂，实用性强

图书语言通俗易懂，内容深入浅出，学习阅读毫无压力。书中引用了大量最新的政策、法规，不光有知识理论，还有丰富的案例和工作方法指导，具有很强的实用性，对新时代社区工作具有很强的指导作用。

本系列图书融知识性、可读性和实用性于一体，是一套便于社区工作者进行知识查阅、指导社区工作者做好社区工作的必备工具书，有助于提高社区工作者的知识素养和能力水平。由于时间和能力有限，书中难免存在不足之处，敬请广大读者批评指正。

编　者

目录

第三章 社会治理知识

第一章　平安建设基本知识

1. 什么是平安建设？

平安建设，是指通过采取法律、经济、行政等手段，使一定区域范围内的社会治安状况得到有效改善，人民群众安居乐业的工作过程，是近年来各级党委政府组织全民参与维护社会稳定的一项群众性创建活动。

知识链接

2005 年 12 月，中共中央办公厅、国务院办公厅转发了《中央政法委员会、中央社会治安综合治理委员会关于深入开展平安建设的意见》。这标志着平安建设正式启动。后来，中央出台了多项关于平安建设的政策、规定，平安建设的内涵得到了不断丰富和发展。

2. 平安建设与社会治安综合治理有什么关系？

平安建设是新时期社会治安综合治理发展的必然要求，也是新形势下加强社会治安综合治理工作的重要举措。多年来，社会治安综合治理始终坚持“打防结合、预防为主，专群结合、依靠群众”的方针，各级党委、政府统一领导，政法、综治部门组织协调，各部门发挥各自职能作用，利用多种手段齐抓共管，广大人民群众积极参与，形成了比较完善的工作制度、形式多样的群防群治队伍和严密的综治工作网络，为维护社会治安和社会稳定发挥了重要作用。随着形势的发展，综合治理的工作范围和工作内容不断拓展。为贯彻“打防结合、预防为主”的方针，综治工作着眼于从更深的层次预防和减少犯罪，从教育、管理、建设等环节解决突出问题，强化薄弱环节；着眼于从更广的范围维护社会的和谐与稳定，加强矛盾纠纷排查调处工作，致力于解决群众关注的热点问题、社会上的难点问题，从源头上、苗头上来化解矛盾。

随着基层安全创建活动广泛深入地开展，对涉及国家安全、公共安全和人民群众生命财产安全的工作都被纳入综合治理工作范围。随着社会治安综合治理工作的不断发展，需要有一个新的载体来推动综合治理工作各项措施的落实，平安建设正是在这样的情况下应运而生。

知识链接

《中央政法委员会、中央社会治安综合治理委员会关于关于深入开展平安建设的意见》明确指出，深入开展平安建设对于社全治安综合治理工作拓宽领域、充实内容、提高层次、完善机制、取得实效具有重要作用。

3. 平安建设的主要内容是什么？

平安建设涉及的内容很多，要重点抓好以下六个方面的工作：

(1)积极预防和有效化解各种社会矛盾。

(2)依法打击各类犯罪活动和敌对势力的渗透破坏活动。

(3)大力加强社会治安防范工作。

(4)加强社会管理。

(5)加强社会治安综合治理基层基础工作。

(6)加强公民道德、法制宣传教育和民主法制建设工作。

知识链接

2020年4月,党中央决定成立平安中国建设协调小组。全国各省市设有平安建设领导小组。平安中国建设协调小组是顺应中国社会主要矛盾历史性变化的长远之策,是彰显"中国之治"政治优势和制度优势而成立的机构。

4. 平安建设的主要措施有哪些?

(1)积极预防和有效化解各种社会矛盾,维护社会政治稳定。

(2)开展社会治安整治,解决群众反映突出的治安问题。

(3)健全完善立体化社会治安防控体系,预防控制违法犯罪,保障公共安全。

(4)加强流动人口和特殊人群的服务管理。

(5)加强基层基础工作,创新社会治理,提高群防群治、村(居)民自治水平。

(6)宣传发动广大干部群众,广泛开展平安乡镇、平安单位、平安家庭、平安企业等创建活动,积小安为大安。

(7)加强法治宣传教育,推进依法行政、严格执法、公正司法,形成全民尊法、学法、守法、用法的法治氛围。

(8)加强政法队伍建设,为平安建设提高强有力的组织保障。

知识链接

构建有效预防和及时发现打击各种违法犯罪活动的社会治安防范体系要从以下方面入手:一是建立和完善治安防控网络;二是有效提升技术防范水平;三是推进治安防范社会化、职业化;四是把社会治安防范工作和城市建设、社区建设紧密结合。

5. 建设更高水平的平安中国的时代背景和战略意义是什么?

中华民族伟大复兴战略全局与世界百年未有之大变局同步交织、相互激荡、相互作用,是当今最鲜明的时代特征。我们要从更好统筹“两个大局”的战略高度,主动适应国际国内形势的深刻复杂变化,切实增强建设更高水平的平安中国的使命感、责任感、紧迫感,深刻理解建设更高水平的平安中国的时代背景和战略意义。

(1)建设更高水平的平安中国,是开创“中国之治”新境界的战略之举。党的十八大以来,在以习近平同志为核心的党中央坚强领导下,我国成为世界上最有安全感的国家之一,“平安中国”成为一张亮丽的国家名片。特别是在这次全球抗击新冠肺炎疫情斗争中,我国在短时间内夺取了全国抗疫斗争重大战略成果,“中国之治”与“西方之乱”形成鲜明对比,“中国之治”优势更加凸显。“天下之势不盛则衰,天下之治不进则退”。我们只有主动适应“中国之治”的新要求,打造平安中国建设的升级版,才能不断增添“中国之治”成色,进一步彰显“中国之制”优势。

(2)建设更高水平的平安中国，是顺应我国社会主要矛盾新变化的长远之策。平安是老百姓亘古不变的期盼，是最基本的民生需要。随着我国社会主要矛盾发生历史性变化，人民群众对平安的需要越来越多样化、多层次、多方面。平安已经从传统意义上的生命财产安全，上升到安业、安居、安康、安心等各方面，内涵外延不断拓展，标准要求更新更高。我们只有主动适应社会主要矛盾新变化，聚焦人民群众新需要，从更宽领域、以更高标准推进平安中国建设，才能让人民群众获得感、幸福感、安全感更加充实、更有保障、更可持续。

(3)建设更高水平的平安中国，是防范应对各类风险新挑战的制胜之道。当今世界正经历百年未有之大变局，新冠肺炎疫情全球大流行使这个大变局加速演变，世界进入动荡变革期。在中美战略博弈大背景下，我国面临的外部环境不稳定性、不确定性更加凸显，传统安全和非传统安全挑战不断增多，各类风险的跨界性、关联性、穿透性、放大性显著增强，处理不好容易形成系统性风险。我们只有准确把握国内外环境深刻变化带来的新挑战，不断增强平安中国建设效能，构建从源头、传导、转化各环节进行防控的完整链条，才能从整体上提升风险防范化解能力。

(4)建设更高水平的平安中国，是实现全面建设社会主义现代化国家新目标的强国之基。“十四五”时期，我国将在全面建成小康社会、实现第一个百年奋斗目标的基础上，开启全面建设社会主义现代化国家新征程、向第二个百年奋斗目标进军。在这一进程中，平安中国建设既是重要内容也是重要保障。这要求我们不断提升平安中国建设的层次质效，走安全发展之路，加快构建新发展格局，更好统筹发展和安全，实现更高质量、更有效率、更加公平、更可持续、更为安全的发展。我们只有立足中华民族伟大复兴战略全局，努力建设更高水平的平安中国，才能为实现全面建设社会主义现代化国家的目标提供更加有力的保障。

知识链接

平安是人民安康幸福的基本要求，也是一个国家和民族最基本的发展环境。党的十九届五中全会审议通过的《中共中央关于制定国民经济和社会发展第十四个五年规划和二〇三五年远景目标的建议》明确提出，建设更高水平的平安中国。这是以习近平同志为核心的党中央统筹中华民族伟大复兴战略全局和当今世界百年未有之大变局，深刻认识错综复杂的国际环境带来的风险挑战、顺应我国社会主要矛盾新变化而作出的重大决策，将为实现人民安居乐业、社会安定有序、国家长治久安提供坚实保障。平安中国建设没有最好，只有更好。坚持系统观念，突出大平安理念，“建设更高水平的平安中国”的提出，既是对过去平安中国建设成就的充分肯定，更是对未来平安中国建设的更高要求。

6. 建设更高水平的平安中国的总体思路是什么？

对标“十四五”规划的宏伟蓝图，对标人民群众对平安的新期待，建设更高水平的平安中国的总体思路是：坚持以习近平新时代中国特色社会主义思想为指导，全面贯彻党的十九大和十九届二中、三中、四中、五中全会精神，认真学习贯彻习近平总书记关于平安中国建设的重要指示精神，增强“四个意识”、坚定“四个自信”、做到“两个维护”，紧紧围绕坚持和完善中国特色社会主义制度、推进国家治理体系和治理能力现代化总目标，坚定不移走中国特色社会主义社会治理之路，落实总体国家安全观，以共建共治共享为导向，以防范化解影响安全稳定的突出风险为重点，以市域社会治理现代化、基层社会治理创新、平安创建活动为抓手，不断推进理念思路、体制机制、方法手段创新，全面提升平安中国建设科学化、社会化、法治化、智能化水平，确保政治更安全、社会更安定、人民更安宁、网络更安靖，让人民群众的获得感成色更足、幸福感更可持续、安全感更有保障，为实现“两个一百年”奋斗目标和中华民族伟大复兴的中国梦创造安全稳定的政治社会环境。

知识链接

“十四五”时期，应坚持总体国家安全观，突出大平安理念，构建包含经济安全、政治安全、文化安全、社会安全和生态安全在内的一体化的大平安体系，把党的领导贯彻于平安中国建设的各方面和全过程，开创“中国之治”的更高境界。

7. 建设更高水平的平安中国具有的丰富内涵是什么？

(1)领域更宽广

把平安中国建设融入“五位一体”总体布局，实现经济安全、政治安全、文化安全、社会安全和生态安全的全方位之治。

(2)体制更完善

党的领导优势和我国社会主义制度优势得到充分发挥，共建共治共享的格局不断深化拓展，全社会参与平安建设的自觉性、主动性显著增强。

(3)成效更明显

既能更快更好解决突出问题，又能更有力更有效地从源头上进行预防，确保政治更安全、社会更安定、人民更安宁、网络更安靖。

(4)人民更满意

人民群众对平安建设的关切和感受得到有效回应,人民群众获得感、幸福感、安全感更加充实、更有保障、更可持续,促进全体人民共同富裕取得更为明显的实质性进展。

知识链接

只有更好满足人民群众对美好生活的向往,从更宽领域、以更高标准推进平安中国建设,才能让人民群众获得感、幸福感、安全感更加充实、更有保障、更可持续。

8. 建设更高水平的平安中国的指导思想、工作重心、责任要求是什么?

建设更高水平的平安中国的指导思想是:要坚持以习近平新时代中国特色社会主义思想为指导,增强“四个意识”、坚定“四个自信”、做到“两个维护”,紧紧围绕坚持和完善中国特色社会主义制度、推进国家治理体系和治理能力现代化总目标,落实总体国家安全观,以共建共治共享为导向,以防范化解影响安全稳定的突出风险为重点,以市域社会治理现代化、基层社会治理创新、平安创建活动为抓手,建设更高水平的平安中国。

建设更高水平的平安中国的工作重心是:要把重心落到城乡社区,加强基层组织、基础工作、基本能力建设,构建富有活力和效率的新型基层社会治理体系,将和谐稳定创建在基层,将矛盾纠纷化解在基层。

建设更高水平的平安中国的责任要求是:各地各部门主要负责同志要落实好平安建设领导责任制,履行好维护一方稳定、守护一方平安的政治责任。

知识链接

努力建设更高水平的平安中国,就要深入推进基层治理创新。"小事不出村,大事不出镇,矛盾不上交。""枫桥经验"依靠群众就地化解矛盾,最重要的成果和最鲜明的特色就是实现自律和他律、刚性和柔性、治身和治心、人力和科技相统一,其生命力就在于基层治理创新。社会治理的重心在基层,难点在基层,活力也在基层;社会治理的最好办法,就是将矛盾消解于未然,将风险化解于无形。深入推进基层治理创新,构建富有活力和效率的新型基层社会治理体系,大力弘扬社会主义核心价值观,完善基层群众自治机制,调动城乡群众、企事业单位、社会组织自主自治的积极性,打造人人有责、人人尽责的社会治理共同体,就能激发基层社会治理新动能。

9. 建设更高水平的平安中国的战略定位、总体目标、根本保证、价值追求是什么?

平安中国建设的战略定位:要树立安全发展理念,把平安中国建设置于中国特色社会主义事业发展全局中来谋划,紧紧围绕"两个一百年"奋斗目标来推进。

平安中国建设的总体目标:要树立总体国家安全观,防范和化解影响我国现代化进程的各种风险,筑牢国家安全屏障,确保人民安居乐业、社会安定有序、国家长治久安。

平安中国建设的根本保证：要坚持党的绝对领导，把党的领导落实到平安中国建设各领域各方面各环节。

平安中国建设的价值追求：要坚持以人民为中心的发展思想，把人民群众对平安中国建设的要求作为努力方向，在共建共治共享中推进平安中国建设，不断增强人民群众获得感、幸福感、安全感。

知识链接

党的十八大以来，平安中国建设的体制机制日益完善，社会治理方式不断创新，风险防控水平大幅提升，推动了经济发展，维护了社会稳定，保障了人民安全。我国创造了经济快速发展和社会长期稳定的“两大奇迹”，成为世界上最具安全感的国家之一。

10. 建设更高水平的平安中国的重点任务是什么？

当前，世界百年未有之大变局进入加速演变期，我国面临诸多矛盾叠加的复杂局面，传统安全和非传统安全挑战增多。建设更高水平的平安中国，最终落脚点在于更有效地应对重大风险、解决突出问题，确保人民安居乐业、社会安定有序、国家长治久安。

(1)深入推进体系能力建设，确保政治更安全

深入贯彻总体国家安全观，紧紧抓住影响国家政治安全的风险点，深入推进维护国家政治安全工作体系和能力建设，打好维护国家政治安全主动仗。

(2)防范化解重点领域风险,确保社会更安定

紧盯影响社会稳定的重大风险,加强源头治理力度,有效维护社会大局稳定。一要防范化解经济金融风险。围绕贯彻新发展理念、推动高质量发展、构建新发展格局,健全执法、司法、法律服务衔接配套的综合服务保障体系。完善政法机关与金融机构、行业监管部门协同配合机制,严防经济金融风险向社会领域传导。加大惩治洗钱犯罪力度,有效维护国家金融安全。二要防范化解社会矛盾风险。深入开展矛盾风险动态排查、防范化解,加强风险评估研判,努力把各类不稳定因素解决在萌芽、化解在基层。三要防范化解个人极端风险。建立健全经常性社会心理服务疏导和预警干预机制,努力把各类社会不良心态和苗头隐患疏导在早、化解在小,防止引发个人极端案件。

(3)提升维护公共安全效能,确保人民更安宁

坚持以人民安全为宗旨,把保护人民生命安全摆在首位,全面提高公共安全保障能力,努力为人民群众创造安业、安居、安康、安心的良好环境。一要提高对影响群众安全突出问题的精准打击力。聚焦“六清”行动目标,打好专项斗争决胜战;谋划常态化推进扫黑除恶“六建”工作,推动扫黑除恶常治长效。完善对重点地区、突出问题的常态打击整治机制,深入打击整治涉枪涉爆、电信网络诈骗、侵犯公民个人信息、侵害未成年人和“盗抢骗”“黄赌毒”“食药环”等违法犯罪,维护社会良好秩序。二要提高对动态环境下社会治安的主动防控力。坚持立体化、法治化、专业化、智能化方向,加强社会治安防控体系建设。深入总结疫情防控中联防联控、群防群治的经验,坚定不移走专群结合之路。三要提高对安全生产风险隐患的综合治理力。加快建立健全安全生产责任和管理制度体系、隐患排查治理和风险防控体系,强化消防、交通等安全隐患常态化治理,加强对寄递物流、危爆物品等行业监管,防范遏制重特大安全

事故。

(4)推进网络社会综合治理,确保网络更安靖

不断健全网络社会综合防控体系,努力营造清朗网络空间。一要有效打击网络违法犯罪活动。依法打击整治网络贩枪、网络黄赌毒、网络传销、网络套路贷等新型网络犯罪,坚决遏制网络违法犯罪多发高发势头,有力铲除网络安全领域黑色产业链。二要有效维护网络信息数据安全。严格落实安全责任和防护措施,完善数据安全风险报告、研判处置机制,提升信息安全保障水平和风险防范能力。加大对涉及国家秘密、商业秘密、个人隐私等重要数据的保护力度,依法严厉打击相关违法犯罪活动。完善对新技术新应用的安全监管体系。

知识链接

政治安全是指国家主权、政权、政治制度、政治秩序以及意识形态等方面免受威胁、侵犯、颠覆、破坏的客观状态。政治安全是国家安全的核心内容。在当代中国,维护国家政治安全集中表现为对外保持中华人民共和国的主权独立、领土完整,对内坚持中国共产党的领导、人民民主专政、社会主义政治制度和社会政治秩序稳定、马克思主义意识形态的主导地位。

11. 建设更高水平的平安中国的基本要求是什么?

实现《中共中央关于制定国民经济和社会发展第十四个五年规划和二〇三五年远景目标的建议》提出的“十四五”时期建设更高水平的平安中国的目标任务和到 2035 年的远景目标,即平安中国建设达到更高水

平，需要我们在实践中把握以下基本要求。

(1) 树立科学理念，增强平安中国建设引领性

建设更高水平的平安中国，最根本的是以习近平新时代中国特色社会主义思想作指引。一是坚持党的领导。要把党的领导贯穿到平安中国建设的各方面和全过程，有效整合资源力量，推动形成共建共治共享的平安建设新格局，真正把党的领导优势转化为平安建设效能。二是坚持人民至上。要始终把人民放在心中最高位置，坚持一切为了人民、紧紧依靠人民、不断造福人民、牢牢根植人民，把民心民愿作为第一信号、把安民利民作为第一选择、把百姓满意作为第一标准，全方位提升守护群众平安、保障群众权益的层次和水平。三是坚持安全发展。安全是发展的前提，发展是安全的保障，合则兴、离则弱。要统筹发展和安全，把安全摆到经济社会发展全局中谋划，既善于运用发展成果夯实维护安全的物质基础，又善于创造有利于经济社会发展的安全环境，形成发展和安全协调共进、互促双赢的良好局面。四是坚持主动塑造。要把党的领导和我国社会主义制度的政治优势充分彰显出来，把社会各方面力量充分调动起来，不断激发平安中国建设的内生动力和活力，最大限度增加人人参与平安建设的行动自觉，实现由保平安向创平安的转变，努力建久安之势、成长治之业。五是坚持科学治理。更高水平的平安中国，应该既充满活力又安定和谐。要坚持系统治理、依法治理、综合治理、源头治理和专项治理相结合，发挥好自治、法治、德治和科技作用，处理好维稳与维权、打击与保护、从严与从宽、公正与效率、管理与服务的关系，使社会既生机勃勃又井然有序。

(2)完善工作格局，增强平安中国建设协同性

我们要充分发挥体制优势，推动经济、政治、文化、社会、生态一体建设，促进政府、社会、市场良性互动，实现力量资源有效整合和科学配置，

激发平安建设的“联动效应”“共生效应”。一是发挥党委领导作用。要加强党对平安建设工作的领导，推动平安建设融入社会发展全过程。健全平安中国建设协调机制，有效整合资源力量，协调解决平安中国建设中遇到的重大问题，形成问题联治、工作联动、平安联创的良好局面。充分发挥基层党组织领导作用，构建区域统筹、条块协同的工作新格局，推动基层党建与平安建设互促互进。二是发挥政府职能作用。要健全完善信息互通、资源共享、工作联动机制，实现平安建设资源整合、力量融合、功能聚合、手段综合。要积极探索扁平化运行模式，打造上层统筹有力、中层运转高效、基层做实做强的运行体系，提高快速响应、精准落地能力。三是发挥社会协同作用。要创新完善鼓励社会多方参与平安建设的政策体系，发挥市场机制作用，加大社会组织培育力度，畅通和规范市场主体、新社会阶层、社会工作者和志愿者等参与途径，以开放性架构吸纳各方力量参与平安建设。

(3)健全群防机制，增强平安中国建设共享性

建设更高水平的平安中国，目的是要让人民群众更加充分享受平安建设成果，关键在于坚持专群结合、群防群治方针，不断完善共建共治共享的工作机制，建设人人有责、人人尽责的平安建设共同体。一是拓展人民群众参与新渠道。要完善群众参与平安建设的组织形式和制度化渠道，创新互联网时代群众工作机制，充分保障群众知情权、参与权、表达权、监督权，更好地广纳民智、广聚民力。二是拓展人民群众协商新载体。民主协商是实现共治的基本方式。要统筹兼顾不同阶层群体的多样性、差异化诉求，改进政府听证决策机制，丰富有事好商量、众人的事情由众人商量的制度化实践，在平等对话和有效沟通中集聚共识、形成合力。三是拓展人民群众共享新机制。聚焦人民群众需要的增长点，聚力解决人民群众最恨最怨最烦的事情，更好满足人民群众多层次、差异

化、个性化需要，让平安建设成果更多更公平地惠及全体人民。四是拓展人民群众评价新体系。群众意愿是平安建设的风向标，群众评价是平安建设的试金石。要坚持以人民满意为根本标尺，健全科学合理、操作性强的平安建设绩效考评指标体系，加大群众意见在绩效考评中的权重，真正把评判的“表决器”交到群众手中。

(4)创新方法路径，增强平安中国建设实效性

我们既要坚持行之有效的好方法，又要探索实践所需的新手段，打好解决突出问题的组合拳，不断提升平安建设的实效。一是以推进市域社会治理现代化试点为抓手。完善社会治理体系，提升市域社会治理水平，构建网格化管理、精细化服务、信息化支撑、开放共享的基层管理服务平台。强化全周期管理，把平安建设各环节作为完整链条，完善事前事中事后全程治理机制。强化源头防控，加强对各类风险隐患的源头发现、早期控制，不断提升对各类风险预警防范化解的能力。强化应急管理，把握矛盾风险刚发生时的“黄金”处置窗口，推动问题在第一时间解决、事态在第一环节控制。二是以自治、法治、德治和科技运用为方式。坚持和发展新时代“枫桥经验”，创新加强基层基础工作，健全党组织领导的自治、法治、德治相结合的城乡基层治理体系。强化自治基础作用，创新基层自治的实现形式和载体，推动民事民议、民事民办、民事民管。强化法治保障作用，善于运用法治思维引导和规范社会生活、运用法治方式防范和化解矛盾风险，努力实现法安天下。强化德治教化作用，大力弘扬社会主义核心价值观，弘扬伟大抗疫精神，使之成为平安建设的强大精神力量。强化科技支撑作用，主动适应大数据时代，充分运用大数据、云计算、区块链、人工智能等前沿技术，打造数据驱动、人机协同、跨界融合、共创分享的智能化平安建设新模式。三是以基层平安创建活动为载体。深入开展平安地区、平安行业、平安单位等多种形式的平安

创建活动，完善基层平安创建标准和创建模式，推进重点行业领域的平安创建活动，构建以平安市域为抓手、以平安行业为支撑、以平安社区为根基的平安中国建设新格局，以各地各行业平安汇聚为全国平安。

知识链接

习近平总书记对平安中国建设工作作出重要指示，强调坚持共建共治共享方向，聚焦影响国家安全、社会安定、人民安宁的突出问题，深入推进市域社会治理现代化，深化平安创建活动，加强基层组织、基础工作、基本能力建设，全面提升平安中国建设科学化、社会化、法治化、智能化水平，不断增强人民群众获得感、幸福感、安全感。

12. 建设更高水平的平安中国的工作机制是什么？

建设更高水平的平安中国，最根本的是要发挥党的领导优势和我国社会主义制度的政治优势，不断创新完善工作机制，有效统筹资源力量，提升共治共建共享水平，真正把政治优势转化为平安中国建设的强大效能。

(1)创新纵横联动机制

加强地方、部门联动融合，构建纵横交织的网状治理结构，是建设更高水平的平安中国的必然要求。一要构建条块结合新格局。厘清上级职能部门与乡镇(街道)之间权责、属地管理与部门职责之间边界，推动力量在基层整合、问题在基层解决。积极探索扁平化治理模式，提高快速响应、精准落地能力。二要构建部门协同新体系。按照“谁主管、谁负责”原则，建立健全职能部门平安建设权责清单，严格落实部门对分管行业领域安全风险防控监管职责。健全部门间信息互通、资源共享、工作联动机制，实现资源整合、力量融合、功能聚合、手段综合，形成联动融合、集约高效的工作体系。三要构建区域协作新模式。完善责任共担、合作共赢的区域安全协作新机制，努力实现重大安保任务联手、重大突发事件联处、突出矛盾风险联治。

(2)创新政社互动机制

在党的领导下实现政府和社会优势互补、良性互动，是建设更高水平的平安中国的重要途径。一要发挥政府主导作用。进一步推进政府职能体系优化协同高效，加强战略、规划、政策、标准等制定和实施，加强对社会主体和市场主体的引导、支持和监管。二要发挥社会协同作用。创新党建带群建制度机制，充分发挥"工青妇"等群团组织在平安建设中的重要作用。健全政府购买服务机制，把适合由社会组织提供的公共服务和解决的事项交由社会组织承担。加大对公益性、服务性、互助性组织的支持，提升其专业化服务、规范化管理和社会化运作的水平。完善社会志愿服务体系，健全志愿者权益保障与救济机制，完善志愿服务激励机制。三要发挥市场机制作用。引导各类社会组织和市场主体充分发挥专业优势，积极参加服务社会、防控风险、化解纠纷等工作，助力解决平安建设难题。

(3)创新专群齐动机制

创新专群结合、组织发动群众的思路和方式，充分发挥群防群治威力。一要拓展人民群众参与新渠道。完善群众参与平安建设的组织形式和制度化渠道，创新互联网时代群众工作机制，搭建互动多样的群众参与网络平台，让人民群众在"微治理"中增强认同感、获得感。二要拓展人民群众协商新载体。统筹兼顾不同阶层群体的多样性、差异化诉求，改进政府听证决策机制，丰富有事好商量、众人的事情由众人商量的制度化实践。三要拓展人民群众共享新机制。聚焦人民群众需要的增长点，解决好人民最关心最直接最现实的利益问题，更好满足人民群众多层次、差异化、个性化需要，让平安建设成果更多更公平地惠及全体人民。四要拓展人民群众评价新体系。坚持以人民满意为根本标尺，广泛听取群众意见建议，完善对群众安全感、满意度的测评方式。

知识链接

专群结合是专门机关工作同群众路线相结合的简称，是指政法机关在同违法犯罪行为作斗争的过程中，既要依法行使职权，充分发挥自身的职能作用，又要坚持群众路线，最大限度地取得人民群众的支持和协助。专群结合是在长期的政法工作实践中形成的优良传统。比如，群防群治就是在“专群结合”原则的指导下创造出来的社会治安综合治理的重要形式。

13. 建设更高水平的平安中国的方法手段是什么？

建设更高水平的平安中国，既要坚持行之有效的好方法，又要探索实践所需的新手段，综合运用系统治理、综合治理、依法治理、源头治理、专项治理等科学方法和有效手段，提高解决突出问题的实效性。

（1）加强全周期动态治理

把平安建设各环节作为完整链条，加强系统治理、全程治理，构建起环环相扣、系统有序、运转高效的有机治理闭环。一要强化源头防控。准确把握矛盾风险产生规律，强化对各类风险隐患的源头发现、早期控制，不断提升对各类风险预警防范化解的能力。二要强化过程把控。完善事前事中事后全程治理机制,加强对矛盾风险产生、传导、叠加、转化等各个环节的动态把控,实现从源头到末梢的全程治理。三要强化应急管控。健全完善应急处置机制,把握矛盾风险刚发生时的"黄金"处置窗口,采取有力有效措施,推动问题在第一时间解决、事态在第一环节控制。

(2)加强全方位依法治理

善于运用法治思维和法治方式推进平安中国建设。一要以法治思维谋划平安中国建设。加强平安建设领域立法工作和制度建设,形成系统完备、科学规范、运行高效的法律制度体系。二要以法治方式解决矛盾问题。善于用法律上的事实辨别是非,用权利义务思维分清对错,推动矛盾问题在法治轨道内彻底解决。既解决好人民群众合理合法利益诉求,又依法打击处理违法犯罪人员。以贯彻实施民法典为契机,更多地引导人民群众依法保护自身权益。加大对生产安全、生态环境、食品药品等领域执法力度,用法治提升人民群众平安质感。三要以法治力量引领社会风尚。把法治宣传教育作为平安中国建设的战略性、基础性工程来抓,严格落实普法责任制,完善以案释法制度,不断提高人民群众的法治意识和法治观念。坚持依法治国和以德治国相结合,推动法治和德治相互贯通、协同发力。

(3)加强全要素智慧治理

推动现代科技与平安建设深度融合,不断提升平安中国建设科学化、精细化、智能化水平。一要提升智慧决策水平。搭建大整合、高共享、深应用的智能化平台,提升预测社会需求、预判社会发展、预警社会风险的准确性、及时性,实现平安建设由"经验决策"向"大数据决策"转变。二要提升智慧管理水平。构建贯通"城市大脑"和"基层细胞"的智能化管理体系,推动管理手段、管理模式、管理理念创新。三要提升智慧服务水平。充分发挥线上平台的即时性、便捷性、交互性优势,打造"指尖生活圈”，为人民群众提供个性化、多样化、精细化“订单式”服务。总结推广“网上办”“掌上办”等经验，为群众提供更好更丰富的线上公共服务产品和体验。

知识链接

习近平总书记就深入推进平安中国建设作出重要指示强调，法治是平安建设的重要保障。深入推进平安中国建设，要发挥法治的引领和保障作用，坚持运用法治思维和法治方式解决矛盾和问题，加强基础建设，加快创新立体化社会治安防控体系，提高平安建设现代化水平，努力为建设中国特色社会主义法治体系、社会主义法治国家作出更大贡献。

14. 建设更高水平的平安中国的组织保障是什么？

建设更高水平的平安中国是一项系统工程，离不开坚强有力的组织保障。要加强组织领导，强化统筹协调，狠抓工作落实，努力把宏伟蓝图变成美好现实。

(1)加强组织领导

认真落实平安建设领导责任制和目标管理责任制，压实主体责任和行业监管责任，推动形成环环相扣、一级抓一级的责任链条。各级党委和政府要把平安建设作为重大政治任务，摆上重要议事日程，加强人财物保障，及时研究解决体制性、机制性、政策性重大问题。各级党委主要负责同志要严格落实平安建设第一责任，亲自研究部署、推动落实、督导问效，切实担负起护一方平安、保一方稳定的政治责任。各地平安建设领导（协调）小组要履行好统筹谋划、协调推动、督办落实、考评激励等职责，系统谋划本地平安建设目标任务、总体思路、工作重点、政策措施，完善实体化运作制度机制，发挥各专项组职能作用，有效整合各方资源力量协调推进平安建设。各成员单位要结合部门职责，紧扣安全发展问题，深度融入平安建设，把本领域、本系统、本行业平安建设与业务工作同部署、同推进、同落实，确保行业发展与保障安全同步推进。

(2)强化考评激励

一要优化考评体系。健全科学合理、操作性强的平安建设绩效考评指标体系，实现对平安建设状况的实时、动态、客观评估，不断提升考评的科学化水平。二要开展评比表彰。每四年由人力资源社会保障部、中央政法委对全国平安建设先进集体和先进工作者进行表彰，对平安建设成效突出的市县授予全国平安建设优秀市县称号，对连续三次获得全国平安建设优秀市县称号的授予“长安杯”。三要加强督促检查。推动各级党委和政府将平安建设纳入工作督促检查范围，适时组织开展专项督促检查。有针对性开展实行项目化、清单式考核，督促责任地区、部门和单位补齐短板、加固底板、打造样板。四要注重结果运用。把平安建设成效纳入各级党政领导班子和领导干部政绩考核指标体系，将考核结果作为领导班子和领导干部业绩评价的重要依据，与晋职晋级、评优评先、奖励惩处挂钩。定期对工作扎实、成效显著的按规定予以褒奖，对问题突出的地区和部门依法依规依纪严肃问责。

(3)营造良好氛围

坚持把遵循平安建设规律和遵循新闻传播规律、遵循互联网发展规律结合起来，着力提升平安宣传和舆论引导的能力水平。一要建设好传播平台。发挥传统媒体和网络新媒体优势互补作用，适应分众化、差异化、个性化等传播新模式，积极构建平安建设全媒体传播体系，不断提升平安宣传覆盖面、穿透力。二要讲述好平安故事。大力宣传我国创造的经济快速发展和社会长期稳定"两大奇迹"，宣传平安建设的实践成果、理论成果、制度成果。深入开展"平安之星"网络宣传活动，大力弘扬平安建设中涌现出的时代楷模、时代正气、时代风采。

知识链接

"长安杯"全称为"全国社会管理综合治理长安杯"，是中央综治委从2005年开始设立的全国社会治安综合治理工作的最高奖项，它集中反映了一个城市的社会管理水平、和谐社会建设成果等方面的工作情况。获得参评资格的城市，必须连续三届(每4年为一届)被评为"全国社会治安综合治理优秀地市"。对被评为"长安杯"的城市实行4年一复核。

15. 建设更高水平的平安中国的载体抓手是什么?

建设更高水平的平安中国，必须找准载体抓手，创新实现路径，不断拓展平安中国建设的广度和深度。

(1)以推进市域社会治理现代化为抓手，把大问题大风险解决在当地

一要突出地域性。充分发挥市域在制度建设、资源统筹、手段方法、技术支撑等方面的独特优势，做好顶层设计、政策制定、组织推动等工作，探索具有中国特色、市域特点、治理特性、时代特征的社会治理新路子。充分发挥城市辐射带动作用，推动城乡融合发展、实现互动共治。二要突出特色性。根据东中西部发展实际，特大城市、大城市、中小城市特点，因地制宜，积极探索具有鲜明地方特色的社会治理模式。加强分类指导，鼓励试点地区把中央精神和本地实际结合起来，聚焦本地社会

治理面临的特殊形势、存在的特殊难题、具备的特殊优势，集中资源力量打造彰显市域特色、市域个性的试点项目。三要突出示范性。不断推进社会治理理念、制度、体制和方式创新，树立一批市域社会治理新样板，推广一批可复制的经验。

(2)以创新基层社会治理为基础，把小矛盾小问题解决在基层

坚持和发展新时代"枫桥经验"，推动"枫桥经验"由乡村治理向城镇社区治理延伸、由社会治安向各个领域扩展，健全基层社会治理体系，不断夯实平安中国建设的根基。一要建强基层组织。发挥基层党组织核心作用，总结推广党支部党小组建在网格上、建立区域化党建协调机制等经验，推动形成党建网格与平安网格"双网融合"、基层党建与平安建设互促互进的良好局面。发挥基层自治基础作用，健全完善充满活力的基层群众自治制度，在城乡社区治理、基层公共事务中实现自我管理、自我服务、自我教育、自我监督。把网格作为基层社会治理的基本单元，探索"社区＋物业"工作新机制，推动基层治理力量真正落到每个楼(门)栋、每个家庭，激活社会治理体系的基层细胞。二要夯实基础工作。深入推进基础工作信息化、规范化、精细化，加强综治中心标准化、实体化建设，推进社会矛盾纠纷调处中心建设，统筹好公安派出所、社区警务站、检察室、人民法庭、司法所、信访等基层资源力量，做实基层治理实战化平台。三要提升基本能力。提高政治能力，增强政治敏锐性和政治鉴别力。提高改革攻坚能力，善于用改革的思路破解难题，用创新的举措推动落实。提高依法办事能力，善于运用法治思维谋划推动工作，用法治方式化解矛盾、防控风险、维护稳定。提高群众工作能力，善于用群众喜闻乐见、易于接受的方法组织发动群众。提高应急处突能力，坚持"平战结合"理念，健全平战迅速切换的指挥响应机制，有效处置各类突发案事件。

(3)以平安创建活动为载体,积小平安为大平安

拓展平安创建的广度和深度,以各地各行业平安汇聚为全国平安。一要提升标准。紧紧围绕“发案少、秩序好、服务优、群众满意”创建目标,以解决影响安全稳定的突出问题为着力点,以组织和动员广大人民群众积极参与为着眼点,深入开展高标准、宽领域、大范围、多层面的平安创建活动。二要丰富内涵。立足实际、因地制宜,在深入开展基层平安创建活动的基础上,开展形式多样的地区平安创建、行业平安创建和单位平安创建活动。三要创新方法。加快推动平安创建方式方法创新,通过完善评比考核标准,健全举报奖励、公益反哺、以奖代补激励机制等,把方方面面的智慧和力量凝聚起来,形成“全民参与、平安有我”的生动局面。

知识链接

推进市域社会治理现代化,既是推进社会治理现代化的战略抓手,又是推进国家治理体系和治理能力现代化的重要内容。市域治理做得怎样,事关人民安居乐业、事关社会安定有序、事关国家长治久安。市域治理是国家治理的重要支柱,在推进国家治理体系和治理能力现代化中具有特殊意义。市域具有承上启下的枢纽作用。市域对上承担贯彻党中央决策部署的重要责任,对下指导基层一线工作,是推动基层治理的组织者、领导者。抓住了市域这个关键环节,就可以起到“一子落而满盘活”的效果。

16. 当前平安中国建设的工作形势是怎样的？

党的十八大以来特别是平安中国建设协调小组成立以来，各地各有关部门深入学习贯彻习近平总书记重要指示精神，积极探索实践，各地普遍建立平安建设领导（协调）小组和各专项组，有效整合各方资源力量，推动各项工作有效深入开展，平安建设的体制机制逐步完善；加强风险评估、源头化解、应急处置等工作，强化防风险、保安全、护稳定各项措施，有效防范化解了一系列重大矛盾风险，风险防控的整体水平稳步提升。巩固了社会大局持续稳定的局面；聚焦人民群众反映强烈的突出问题，深入开展扫黑除恶专项斗争，依法打击各类违法犯罪活动，加快社会治安防控体系建设，2020 年 1 至 9 月，全国刑事立案下降 4.5%，八类主要刑事犯罪案件下降 11.6%。2019 年人民群众对平安建设的满意度达到 97.38%，人民群众的平安质感不断增强。

习近平总书记在党的十九届五中全会发表了重要讲话，为我们做好各项工作指明了前进方向。全会通过的《中共中央关于制定国民经济和社会发展第十四个五年规划和二〇三五年远景目标的建议》，对建设更高水平的平安中国作出重要部署，这是以习近平同志为核心的党中央从统筹“两个大局”办好发展安全“两件大事”出发作出的重大决策。要认真学习贯彻习近平总书记重要讲话精神，切实把思想和行动统一到全会精神上来，把智慧和力量凝聚到实现全会提出的目标任务上来，勇于担当，守正创新，努力建设更高水平的平安中国，为决胜全面建成小康社会、实现“两个一百年”奋斗目标，为开启全面建设社会主义现代化国家新征程、实现中华民族伟大复兴的中国梦作出新贡献。

知识链接

平安中国建设没有最好，只有更好。坚持系统观念，突出大平安理念，“建设更高水平的平安中国”的提出，既是对过去平安中国建设成就的充分肯定，更是对未来平安中国建设的更高要求。

17. 平安中国建设的六项原则是什么？

建设更高水平的平安中国，关键要把握好六项原则：一是坚持党的领导；二是坚持人民至上；三是坚持安全发展；四是坚持统筹推进；五是坚持主动创安；六是坚持科学治理。

知识链接

建设更高水平的平安中国，要坚持以人民安全为宗旨，着力提高对影响群众安全突出问题的精准打击力、对动态环境下社会治安的主动防控力、对安全生产风险隐患的综合治理力，努力为人民群众创造安业、安居、安康、安心的良好环境。

18. 什么是“枫桥经验”？

20 世纪 60 年代初，浙江省绍兴市诸暨县（现诸暨市）枫桥镇干部群众创造了“发动和依靠群众，坚持矛盾不上交，就地解决，实现捕人少，治安好”的“枫桥经验”，为此，1963 年毛泽东同志就曾亲笔批示“要各地仿效，经过试点，推广去做”。“枫桥经验”由此成为全国政法战线一个脍炙人口的典型。之后，“枫桥经验”得到不断发展，形成了具有鲜明时代特色的“党政动手，依靠群众，预防纠纷，化解矛盾，维护稳定，促进发展”的枫桥新经验，成为新时期把党的群众路线坚持好、贯彻好的典范。

党的十八大以来，各地在继承的基础上创新，在积累的基础上深化，推动“枫桥经验”落地生根，从乡村“枫桥经验”衍生出城镇社区“枫桥经验”、海上“枫桥经验”、网上“枫桥经验”，从社会治安领域扩展到经济、政治、文化、社会、生态等领域。实践充分证明，“枫桥经验”是党领导人民创造的一整套行之有效的社会治理方案，是新时代政法综治战线必须坚持和发扬的“金字招牌”。

知识链接

党的十八大以来，习近平总书记对坚持发展“枫桥经验”作出重要指示，要求把“枫桥经验”坚持好、发展好，把党的群众路线坚持好、贯彻好。依靠人民群众解决基层问题是“枫桥经验”的灵魂。结推广新时代“枫桥经验”，就要建立以基层党建为统领，以人民为中心，自治、法治、德治相结合的现代基层治理体系，深入开展基层平安创建活动，不断完善矛盾纠纷多元化解机制，积极搭建让群众广泛参与的工作平台，专群结合、群防群治，调动各行各业力量，切实把矛盾纠纷化解在基层、化解在萌芽状态，让社会更安定、百姓更安宁。

19. 人民群众如何参与平安建设?

(1)积极做好自身和家庭防范,提高防火、防盗、防骗、防抢等安全意识,防止受到各种不法侵害。

(2)遵纪守法,不参与违法犯罪活动。

(3)参与"平安家庭"创建,做到家庭平安、邻里和睦。

(4)遵守交通规则,做到平安出行。

(5)积极参与单位、社区的平安(安全)宣传。

(6)积极参加治安志愿者队伍,义务参与治安巡逻、邻里守望、矛盾调处等活动。

(7)向公安机关提供、举报社会治安信息和违法犯罪线索。

知识链接

习近平总书记强调,"平安是人民幸福安康的基本要求,是改革发展的基本前提","要继续加强和创新社会治理,完善中国特色社会主义社会治理体系,努力建设更高水平的平安中国,进一步增强人民群众安全感"。建设更高水平的平安中国,必须切实贯彻好党的群众路线,把党的优良传统和新形势新技术新手段结合起来,创新组织群众、发动群众的机制,让人民群众成为推进社会治理现代化的动力源泉。

20. 平安建设的“三率”是什么？

(1)群众安全感满意率:包括社会治安、生产安全、食品药品、生态环境等安全感。

(2)平安建设群众参与率:平安志愿者服务、平安巡防、平安红袖章、矛盾纠纷调解、遵守交通、邻里守望、遵纪守法、应急演练、隐患爆料、制止违法以及主动向相关单位报告身边的环保、交通、食品药品、市政建设等安全问题都属于参与平安建设。

(3)电信网络诈骗犯罪防范知识知晓率:了解犯罪分子电信网络诈骗惯用手法、发现端倪立刻报警、看到异常电话主动拦截并找相关部门核实等。

知识链接

常见电信网络诈骗手法有:贷款诈骗、网络购物、充值返利诈骗、网购虚拟物品诈骗、“网点刷单”诈骗、“杀猪盘”诈骗、冒充熟人诈骗、冒充企业负责人QQ及微信诈骗、冒充教师诈骗、冒充公检法诈骗、网络投资诈骗等。

21. 平安建设的“六个关键”是什么？

在开展平安建设工作中,要抓住六个关键:

(1)关键在认识,要始终注意解决认识问题。

(2)关键在合力,要始终注意解决协调问题。

(3)关键在氛围,要始终注意解决引导全社会共同参与问题。

(4)关键在基层,要始终注意解决抓基层、打基础问题。

(5)关键在队伍,要始终注意解决发挥专门机关队伍作用问题。

(6)关键在机制,要始终注意解决平安建设的长效机制问题。

知识链接

平安建设基础是法治,社会安全、社会公平正义,都要依靠法治保障,随着法治建设的不断推进,全社会尊法守法的意识在不断增强。平安建设关键是基层,基层一线工作做好做实,平安才能真正落地。平安建设核心是队伍,离不开广大基层一线同志的努力,只有更广泛地动员社会和群众参与,才能更有力地推动平安建设深入开展。

22. 系列平安创建活动的主要活动形式有哪些?

系列平安创建活动的主要活动形式有:平安乡镇(街道)、平安村(社区)、平安医院、平安学校、平安单位、平安交通、平安市场、平安电力、平安电信、平安景区、平安拆迁、平安工地、平安场所、平安企业、平安金融网点、平安农机、平安铁路区段、平安家庭等。

知识链接

平安建设不但关注人身安全,而且关注吃得是否放心、住得是否安心、出行是否顺心。系列平安创建活动就正好覆盖了人民群众在生活中最平常却也最关注的方面。系列平安创建活动让平安建设落地更为精准,让平安像一束束阳光,照射到每一个角落,让平安围绕在人民群众的身边。

23. 平安乡镇(街道)的标准是什么?

(1)防控措施到位

专职治安联防队、村治保主任和农村“十户长”、社区楼栋长人员和报酬及辖区单位防范机制措施落实;群众信息员队伍作用发挥明显,信息奖励经费兑现;未发生影响较大的分裂破坏和暴力恐怖案件、群体性事件和重大刑事、治安案件。

(2)组织保障有力

党政领导班子团结,综治委(办)机构健全,办公设施齐备;专职人员配置、政法综治专干待遇、综治经费符合规定要求;政务公开及依法行政落实好。

(3)基层基础牢固

乡镇(街道)综治工作中心建设规范,职责明确,运行高效;警务室建设符合要求,单位保卫机构、人员落实,防范措施到位。社会稳定风险评估机制运行良好,矛盾纠纷调处率和成功率分别达到100%和95%以上,群众关心的热点、难点问题得到及时解决。流动人口和特殊群体底数清、情况明,服务管理和帮教管控措施到位。

(4)集中整治深入

社会治安重点地区和突出问题集中整治深入开展,措施有力,整治效果好,刑事案件发案率同比低于所在县市的平均值,群众满意。

(5)创建形式多样

辖区平安村(社区、单位、家庭)创建率达到95%以上,群众生产生活安定有序,安全感和满意度较高。

(6)乡风文明和谐

民族团结、“热爱伟大祖国,建设美好家园”、“反暴力、讲法制、讲秩序”等宣传教育形式多样,效果良好;宗教事务管理制度健全,措施到位;非法宗教活动能及时发现,严肃查处;群众文化活动丰富,乡风、村风文明。

知识链接

创建平安乡镇(街道)时,要深入开展以“无诉、无访、无案、无诈、无毒”为主要内容的“五无”村(社区)创建,把群众对平安建设的要求作为推进基层社会治理现代化的努力方向,坚持源头治理、系统治理、综合治理、依法治理,在改革和创新中绘就出一个党群关系融洽、百姓安居乐业的新图景。

24. 平安社区的标准是什么?

(1)组织健全

社区群防群治队伍健全,人员、报酬落实;社区有专人负责综合治理和平安建设工作;社区警务室建设、民警配备达到标准,群众信息员作用发挥明显。

(2)防范严密

辖区“三防措施”落实,无重大刑事案件,无重大治安灾害事故,无亡人火灾事故,无集体上访、闹事和群体性事件,无非法宗教活动,无黄、赌、毒等社会丑恶现象。

(3)管理规范

“四知四清四掌握”工作机制落实,各类人群服务管理到位,流动人口、出租房屋登记率均达到100%;特殊群体教育管控到位,刑释解教、社区矫正人员无重新违法犯罪,预防青少年违法犯罪工作扎实有效。

(4)网络完备

社会调解组织健全,发现和调处矛盾纠纷能力强,调处率和成功率分别达到100%和95%以上,无"民转刑"案件;积极推进社区网格化管理,把"人、地、物、情、事、组织"等因素融入网格中,对社区居民事务实行精细管理。

知识链接

在创建平安社区建设活动中,社区工作人员要认真贯彻预防为主的社会治安综合治理工作方针,在街道办事处党工委的指导下,依靠和发动社区广大居民群众,强化基础工作,提高治安防范能力,带动社区治安防范网络建设,夯实社区安全稳定的工作基础。

25. 平安村的标准是什么?

(1)综治组织健全

基层治保、调解、普法、帮教、联防"五位一体"的综治组织健全,做到"四有"(有办公场所、有牌子、有专人、有制度)、"五落实"(落实人员、任务、责任、制度、报酬落实)。

(2)群防群治到位

村治保主任、"十户长"选配到位、待遇落实,群众信息员作用发挥明显,信息奖励经费兑现。

(3)服务管理规范

流动人口、出租房屋底数清、情况明，暂住人口办证率达到100%，重点人员帮教率达到100%；刑释解教人员无重新违法犯罪。

(4)治安形势良好

无重大刑事案件，无重大治安灾害事故，无集体上访、闹事和群体性事件，无非法宗教活动，无黄、赌、毒等社会丑恶现象；宗教事务管理规范，对各种非法宗教活动能及时发现、严密控制、严肃查处。

(5)矛盾化解及时

邻里之间团结友爱、各民族之间和谐共处；矛盾纠纷调处率和成功率分别达到100%和95%以上，无“民转刑”案件。

(6)村民遵纪守法

深入开展“平安家庭”创建活动，“平安家庭”达标率达到95%以上；村民法制观念增强，遵守村规民约；村务、财务公开，依法治村措施落实。

知识链接

开展创建平安村活动时，村治保主任具体负责创建“平安村”各项工作的落实，谁主管，谁负责，把维护稳定的措施与责任层层分解，落实到村民小组。创建“平安村”工作的开展离不开群众的积极配合，不单单是领导者的责任，因此一定要认真组织好，宣传发动每一位群众参与此项活动。大力加强平安村建设的宣传工作，使他们了解到创建“平安村”活动的目的和意义，以及自己的责任和义务。让每位村民自觉做好，各户保各户，邻里互帮助，同时要求有条件的住户尽快安装防盗门、防盗窗等。

26. 平安单位的标准是什么?

(1)创建组织健全

单位内部平安建设、保卫机构健全、人员落实、制度完善、奖罚严明。

(2)防范措施到位

单位重点要害部位和家属区“三防”措施落实,无交通、火灾等事故,无打架斗殴、盗窃、抢夺等案件,无人员上访、闹事等现象。暂住人口、出租房屋底数清、情况明,暂住人口办证率达到100%,无严重违法犯罪。

(3)“属地管理”落实

积极参与和配合驻地综合治理工作,主动接受驻地综治委(办)的检查指导和考核。

(4)创建内容丰富

单位领导班子团结、办事公道、环境整洁、秩序良好,群众满意率达到95%以上;积极开展平安创建活动,“平安科室”“平安家庭”达标率达到95%以上。

(5)精神文明健康

获得县(市、区)级以上精神文明单位称号,职工文化活动丰富,未发生参与“法轮功”等邪教组织和影响民族团结的案(事)件。

知识链接

平安单位的评选程序:成立平安单位领导小组→制定工作计划→平安家庭的达标率必须达到95%以上→写出自查自评报告→向单位所在社区提出申请,填写申请表→社区初审→合格后由社区公示7天→无异议后报乡镇,由乡镇进行命名。

27. 平安企业的标准是什么?

(1)组织领导有力

落实综合治理和平安建设工作法定代表人负责制,有领导分工、有部门主抓,逐级签订综合治理责任书;内部综治、治保、调解、消防等组织健全;综治和平安建设目标明确、措施有力。

(2)制度建设规范

制定处置突发事件应急预案并定期开展演练;建立健全值班巡逻、重要物品安全管理、要害部门安全保卫、消防安全管理、机动车辆安全管理等制度,并抓好贯彻落实。

(3)内部管理到位

开展经常性职业道德教育和法制宣传教育,无干部职工违法犯罪;加强矛盾纠纷排查化解,未发生因劳资纠纷引发的各类案(事)件,企务公开措施落实,未发生群体性上访事件。

(4)防范措施完善

组建与企业规模相适应的保安队伍,重点要害部位和家属区技防、物防设施安装到位;外来务工人员管理到位。

(5)"属地管理"落实

积极参与辖区社会治安综合治理工作,定期开展企业周边不安全、不稳定隐患排查,自觉接受驻地综治委(办)的检查指导。未发生重大刑事案件和一般安全生产事故。

(6)宣传氛围浓厚

增强法制意识,营造守法经营、文明经营、诚信经营氛围;深入开展企业社会治安综合治理宣传，调动广大干部职工积极参与，确保平安建设知晓率和参与率达到95%以上。

知识链接

开展“平安企业”创建活动要结合“八五”普法开局，把法制宣传教育与平安企业建设结合起来，认真贯彻学习《中华人民共和国安全生产法》《中华人民共和国民法典》等一系列法律法规，在机关内部、企业内部开展禁烟、禁毒、反电诈知识宣传，努力营造“安全、无毒、文明”的机关环境和企业环境。

28. 平安家庭的标准是什么？

(1)遵纪守法无犯罪

家庭成员积极学法用法，遵守国家政策和法律、法规；家庭成员无违法犯罪、无参加非法宗教活动和“法轮功”等邪教组织。

(2)家庭和睦无暴力

尊老爱幼，自觉赡养老人；强化子女道德教育，营造有利于儿童健康成长的家庭环境，无流浪儿童；家庭成员之间男女平等，无暴力行为，和谐美满。

(3)安全防范无事故

积极参与社区(村队、单位)平安创建，认真做好防火、防盗、防交通事故等家庭安全防范措施，增强自我防范意识，提高自我防范能力，确保家庭成员人身安全及家庭财产安全。

(4)生活文明无愚昧

家庭成员崇尚科学,破除封建迷信和陈规陋习;爱护环境,勤俭节约;娱乐方式文明健康,珍爱生命,自觉远离黄、赌、毒。

(5)民族团结无纠纷

家庭成员牢固树立“三个离不开”思想,自觉维护民族团结,邻里之间互帮互助,团结友爱,和睦相处。

知识链接

平安家庭评选程序:设立领导小组→家庭自评(由各家庭成员填写自评表,并签字报给单位或社区)→家庭申报(填写申报表报单位或社区)→验收→公示(由本单位小组验收公示或社区验收公示,公示期为7天)→命名挂牌(就是门上贴的平安家庭牌,由单位或社区命名挂牌)。

第二章　治安防控知识

29. 什么是社会治安综合治理？

社会治安综合治理，是在党委、政府统一领导下，在充分发挥政法部门特别是公安机关骨干作用的同时，组织和依靠各部门、各单位和人民群众的力量，综合运用政治的、经济的、行政的、法律的、文化的、教育的等多种手段，通过加强打击、防范、教育、管理、建设、改造等方面的工作，实现从根本上预防和治理违法犯罪，化解不安定因素，维护社会治安持续稳定的一项系统工程。

知识链接

2018年3月，根据中共中央印发的《深化党和国家机构改革方案》，为加强党对政法工作和社会治安综合治理等工作的统筹协调，加快社会治安防控体系建设，不再设立中央社会治安综合治理委员会及其办公室，有关职责交由中央政法委员会承担。

30. 社会治安综合治理包括哪些内容？

社会治安综合治理总体上包括三个方面的内容：

（1）在综合治理的主体方面，明确了不是一个部门或一个团体，而是全党动手，全民动员，齐抓共管。

（2）就治理方法和手段来讲，要充分运用政治、经济、行政、法律、文化、教育等多种手段来抓社会治安。

（3）就通过治理所要达到的目标来讲，不但要打击犯罪，还要改造犯罪，挽救失足者，操纵和减少犯罪的因素和条件，预防犯罪，减少犯罪，争取社会风气、社会治安的稳定好转。

知识链接

社会治安综合治理的特点包括：目标是全面综合性；核心是实行“谁主管谁负责”的原则；实行“条块结合，以块为主”的属地管理原则；依法采用多种多样手段；坚持群防群治的群众路线。

31. 社会治安综合治理的工作范围是什么？

社会治安综合治理的工作范围，主要包括打击、防范、教育、管理、建设、改造六个方面。

（1）打击是社会治安综合治理的首要环节，是落实社会治安综合治理其他措施的前提条件。必须长期坚持依法从重从快严厉打击严重刑事犯罪活动的方针,运用打击的手段震慑犯罪分子。

(2)防范工作是减少各种违法犯罪活动和维护社会治安秩序的积极措施。各单位要在党政的统一领导下,发动群众建立起各种形式的群防群治组织,落实治安责任制,建立健全各项规章制度,不断提高自防自卫的能力。

(3)教育,特别是加强对青少年的教育,是维护社会治安的战略性措施。各部门和各单位都要根据青少年的特点,开展各种喜闻乐见、寓教于乐的思想教育活动,培养青少年高尚的情操,提高辨别是非的能力,增强自身的免疫力。

(4)管理工作是堵塞犯罪漏洞、减少治安问题、建立良好秩序的重要手段。要加强对重点人员和重点部门要害部位的管理,落实责任,明确措施。

(5)加强基层的组织建设和制度建设,是落实社会治安综合治理的关键。要按照中央的要求,各单位要层层建立社会治安综合治理组织机构,要把基层组织建设作为重点。推行各种形式的综合治理目标责任制和领导干部责任制,加快制定和完善综合治理的法律、法规,使综合治理各项工作做到有法可依,有章可循。

(6)改造工作是教育人,挽救人,防止重新犯罪的特殊预防工作。积极做好刑满释放、解除劳教人员的帮教和就业安置,采取多种渠道为他们解决生活出路问题,以利于对他们的改造和帮教,减少重新违法犯罪。

知识链接

为什么说打击是社会治安综合治理的首要环节呢?其原因在于:

第一,实践证明,没有打击就没有社会治安综合治理,也就没有社会的全面安定。全国各地持续开展了严厉打击严重刑事犯罪活动的斗争,对突出的治安问题不断进行专项打击和治理,在复杂的形势下,维护了社会治安的基本稳定，遏制了严重刑事犯罪上升的势头。“严打“斗争的成果充分证明，对严重刑事犯罪进行严厉打击，是维护正常的社会秩序、保障社会治安持续稳定的重要有效的手段。

第二，严重危害社会治安的犯罪活动不实行严厉打击，便不能有效地遏制犯罪，正常的生产、生活秩序就无法维持，国家建设和人民财产的安全就没有保障，社会局面就得不到有效控制，社会风气就无法好转。从这个意义上说，没有打击这一手段，就不能全面落实社会治安综合治理的各项措施。

第三，只有严厉打击犯罪活动，才能保障防范、教育、建设、管理、改造等社会治安综合治理的其他各项措施得以奏效，才能震慑、分化、瓦解犯罪分子，对社会上存在的不稳定分子，才能起到警戒作用，使其不敢“越雷池一步”。

第四，严厉打击犯罪，对广大人民群众来说，是一个生动、深刻的法律教育。当然，我们应该看到，治安问题是社会政治、经济、文化、教育等多领域消极因素的综合反映，单靠打击这一种手段，单靠政法部门的执法工作，是难以杜绝的，必须依靠全社会、各领域、各部门的参与，全面落实社会治安综合治理的各项措施。

32. 社会治安综合治理的重点工作内容有哪些？

(1)维护社会政治稳定

打击暴力恐怖团伙和极端组织专项斗争，严防发生暴力恐怖事件，健全突发事件预警和应急处置机制。

(2)矛盾纠纷排查化解

加强社会矛盾排查调处,运用现代信息技术,做好矛盾纠纷信息统计、台账管理、分流交办、结果反馈、考核督办等工作。加强调解工作队伍专业化建设,引导社会力量、吸收专家咨询委员会等第三方参与调解。

(3)推进社会治安综合治理创新

发现、总结、推广基层创造的新鲜经验,切实发挥典型示范带动作用。善于总结规律特点,善于将基层的成熟经验,努力实现点上突破、面上铺开,推动工作向纵深发展。

(4)完善立体化社会治安防控体系

依法严厉打击违法犯罪,加强对治安复杂场所、重点行业、重点人员、危险物品的治安管理。

(5)加强治安防控网络建设

重点加强对易发高发案地点和时段的巡逻防控,在治安问题复杂的城乡接合部、城中村结合实际推行社区化管理,在农村开展邻里守望、联户联防工作。大力推进技防设施升级改造、联网运行和资源共享、综合应用,提高防范效能。

(6)加强治安防控信息化建设

建设社会管理综合信息系统,整合人、地、物、情、事、组织等各类基础信息,推动实现网络互联互通、信息共享共用。

(7)加强互联网管理

推动落实网络网址、网民上网、网络互动等实名登记措施,严格监管措施,严厉打击网络诈骗、色情、赌博等违法犯罪活动。

(8)全面加强基层基础建设

通过在市、县、乡三级建立统一的综合管理服务平台,形成对群众求助、投诉,报警的联动受理、处理、反馈机制。

(9)全面推行网格化管理

在村(社区)科学划分基础网格,每个网格至少配备一名专职管理员,并将其纳入群防群治岗位的管理,统筹解决待遇报酬等问题。

(10)深化基层平安创建

深化县(市、区)、平安乡镇(街道)建设,加强派出所、司法所、法庭、检察室等基层单位建设,深化平安企事业单位、平安医院、平安学校、平安市场、平安边界、军地平安创建等基层平安创建活动,以局部平安促进全市平安。

(11)形成齐抓共管工作格局

坚持属地管理、分级负责和“谁主管、谁负责”原则,完善党政领导、综治协调、部门负责、社会协同、公众参与的工作格局。将综治工作任务分解细化,落实到各地各部门各单位。

(12)保障专项经费落实

将社会治安综合治理工作经费列入财政预算,保证地方财政拨付的经费和上级拨来的专项经费及时足额到位,建立群众报告社会治安重要信息奖励保护制度,设立奖励基金,积极探索市场经济体制下治安防范的社会化、市场化办法和途径,多渠道筹集群防群治经费。

(13)建立科学工作考评机制

建立社会评价和行业评价机制,以人民群众的需求确定考评内容,以群众满意度作为主要标准。建立完善综治工作检查督办机制,建立完善党政领导干部综治工作实绩档案制度,建立完善通报、约谈、挂牌督办、一票否决等制度,对综治工作不力的地方和单位,严格责任追究;进一步加大综治工作的奖励力度,各级财政要设立专项奖励经费,对被评为先进的单位、地方和个人给予奖励。

知识链接

社会治安综合治理既是保证我国长治久安的战略方针，也是一项改造社会、改造国民的具有深远意义的社会系统工程。它将贯穿我国社会主义建设的各个历史发展阶段，涉及社会各个领域和各个层面，因此，完成这样一个具有长期性、广泛性、复杂性和综合性的艰苦任务，必须确立并遵循符合自身规律和特点的基本原则，才能保证其高效运作。

33. 社会治安综合治理的主要目标是什么？

社会治安综合治理的主要目标包括以下方面：①社会稳定；②重大恶性案件和多发性案件得到有效的控制并下降；③社会丑恶现象大大减少，治安混乱的地区和单位的面貌彻底改观；④治安秩序良好；⑤群众有安全感。

知识链接

衡量社会治安综合治理工作的指标体系有以下方面：①发案率；②破案率；③重新犯罪率；④重大刑事案件在刑事案件中所占的比例；⑤初犯率及初犯现象的综合分析；⑥违法犯罪和社会灾害造成的人身伤亡和财产损失综合统计指标；⑦治安管理和社会控制方面可用定量表示的指标；⑧安全感和安全度。

34. 社会治安综合治理的主要任务是什么？

（1）依法严厉打击、严密防范民族分裂势力、暴力恐怖势力、宗教极端势力危害国家安全的犯罪活动，维护国家统一、民族团结和社会稳定。

（2）依法打击、防范各种违法犯罪活动，严惩严重危害社会治安刑事犯罪分子。

（3）依法管理宗教事务，制止和取缔非法宗教活动。

（4）开展反邪教宣传教育，防范和打击各类邪教组织。

（5）加强基层基础建设，健全和完善社会治安防控体系。

（6）及时排查、调处矛盾纠纷，整治社会治安突出问题，消除不安定因素。

（7）做好对流动人口的服务与管理以及对出租房屋的管理。

（8）加强法制宣传教育，做好对公民特别是青少年的国家意识、公民意识和行为规范教育。

（9）教育、改造和挽救违法犯罪人员，做好刑满释放、解除劳动教养、收容教育、强制隔离戒毒等人员的帮教安置工作，预防和减少重新违法犯罪。

（10）动员和组织机关、团体、企事业单位及其他组织和公民参与社会治安综合治理，开展群防群治活动。

（11）深入开展平安创建活动，落实社会治安综合治理各项措施。

（12）其他社会治安综合治理任务。

知识链接

社会治安综合治理的基本方法是：党委领导，发动群众，调动方方面面的力量，充分发挥各部门的职能作用的方法；条包条、块包块、条块结合，以快为主的方法；打防并举，以防为主的方法；行政、教育、法律手段与经济手段相结合，以点带面、点面结合、内外结合、城乡结合的方法；群策群力、群防群治的方法；等等。

35. 社会治安综合治理的工作方针是什么？

社会治安综合治理的工作方针是“打防结合、预防为主，专群结合、依靠群众”。

知识链接

《中共中央关于加强党的执政能力建设的决定》强调，坚持打防结合、预防为主，专群结合、依靠群众，加强和完善社会治安综合治理工作机制。这是在总结社会治安综合治理多年实践经验的基础上，对社会治安综合治理方针的重要补充。从此，“打防结合、预防为主，专群结合、依靠群众”明确成为社会治安综合治理工作的工作方针，为我国的社会治安综合治理工作提供了根本遵循。

36. 社会治安综合治理的工作要求是什么？

（1）各级党委和政府都要把社会治安综合治理摆上重要议程，健全社会治安综合治理的领导机构和办事机构，定期研究部署工作。

(2)各部门各单位齐抓共管,形成“谁主管、谁负责”的局面。

(3)各项措施落实到城乡基层单位,群防群治形成网络,广大群众法制观念普遍增强,敢于同违法犯罪行为作斗争。

知识链接

要做好社会综合治理工作,关键在于领导。各级党政领导要高度重视,从思想上、组织上、工作上切实加强社会治安综合治理工作的领导,建立健全各级领导机构和办事机构,同时建立起必要的管理责任制。各级组织、各个部门都要本着对党、对国家、对群众高度负责的精神,从稳定大局出发,切实承担起社会的义务和责任,发挥自己应有的作用。

37. 社会治安综合治理的“三防”是什么?

社会治安综合治理的“三防”是指人防、物防、技防。

人防,是指通过人的行为,如建立治安联防队、护厂队、护村队,组织居民“看门望户”等以达到防范目的的防范措施。

物防,是治安防范的措施之一,是指在重点部位加装必要的防范装置,以起到防范或延缓犯罪分子作案的作用。物防必须要与人防工作紧密配合。

技防,通常指采用专门技术手段进行的防范措施。如在居民区设立防护院墙,加固门窗,安装防盗门,建立防盗、防火安全报警系统等。

知识链接

基础的人力防范是利用人们自身的传感器(眼、手、耳等)进行探测,发现妨害或破坏安全的目标,作出反应;用声音警告、恐吓、设障、武器还击等手段来延迟或阻止危险的发生，在自身力量不足时发出求援信号，以期待作出进一步的反应，制止危险发生或处理已发生的危险。

实体防范的主要作用在于推迟危险的发生，为“反应”提供足够的时间。现代的实体防范，已经不是单纯的纯物质屏障的被动防范，而是越来越多地采用高科技的手段，一方面使实体屏障被破坏的可能性变小，增大延迟的时间，另一方面使实体屏障本身增加探测和反应的功能。

技术防范手段可以说是人力防范手段和实体防范手段功能的延伸和加强，是对人力防范和实体防范在技术手段上的补充和加强。

38. 什么是社会治安综合治理责任制?

(1)目标管理责任制

目标管理责任制，是指把社会治安综合治理的任务、要求分解为若干具体目标，针对不同对象，签订不同的责任书，明确责任，定期考核，根据落实情况，实行奖惩。它是“谁主管、谁负责”原则的具体化。

目标管理责任制的主要考核内容有以下方面：

①治安形势及对治安形势的控制能力。具体指标有：刑事案件发案数、刑事案件发案率、重大刑事案件率、人口犯罪率、初犯率、重新犯罪率、破案率、民事纠纷调解成功率、治安灾害事故发生数等。

②党政领导重视程度。包括党政主要领导和分管领导是否把确保一方平安作为各自任期目标之一，把综合治理工作提上重要工作日程；是否贯彻执行上级党委、政府关于综合治理工作的方针、政策；是否制定和组织实施本行政区、本部门综合治理工作规划；是否经常检查、指导、

督促落实综合治理各项措施;是否协调解决综合治理工作的一些突出问题和实际困难。

③综合治理各项措施的落实情况。包括综合治理工作机构是否健全,人员编制是否落实;"谁主管、谁负责"的原则是否落实;各部门参与综合治理的积极性如何,是否形成齐抓共管的局面;群防群治网络是否健全,工作发展状况如何;综合治理宣传工作是否经常。总之,要考核打击、防范、教育、管理、建设、改造六大方面的工作措施是否有力,效果如何。

④群众安全感。这是目标管理责任制考核中的一项重要内容。包括对社会各界和广大群众意见较大的治安热点问题,是否及时采取措施加以解决;民意调查中对社会治安基本满意的群众所占百分比等。

(2)领导责任制

领导责任制,是指把抓好社会治安综合治理工作,确保一方平安,作为各级党委、政府和各级部门党政领导干部的任期目标之一,并同党政领导干部的政绩考核、晋职晋级和奖惩直接挂钩。简言之,社会治安综合治理领导责任制就是党政领导抓社会治安综合治理的责任的具体制度。

进一步落实社会治安综合治理领导责任制,必须在以下几个方面采取措施:

①深化各级党政领导对综合治理工作的认识。这是领导责任制贯彻落实的重要前提。各级党政主要领导干部进一步把能否抓好社会治安综合治理,能否保住一方平安,上升到是否全面坚持党的基本路线、坚持"两手抓"的高度来认识,并拿出相当的时间和精力来抓综合治理工作。

②综治、纪检、监察、组织、人事五个部门必须通力合作,形成合力。

组织人事部门切实把各级党政领导干部抓综合治理工作的能力和实绩列入对党政领导干部进行政绩考核的指标体系中去,使这项工作逐步规范化,真正同干部的晋职晋级、奖惩挂起钩来。纪检、监察部门加大督查力度,对严重失职导致治安长期混乱或发生重大治安事件的地区、部门的领导干部,坚持给予处分,决不手软。综合部门要做好协调、组织工作,建立健全联席工作制度。

③制定科学的、切实可行的考核办法,在考核这个环节上下功夫,使领导责任制的落实有一个全面准确的事实依据。

(3)一票否决权制

一票否决权制责任制,是指县级(含县及相当于县级的单位)以上各级社会治安综合治理领导机构有权按照一定的条件和程序,对综合治理工作达不到要求的地区和单位,否决其评选综合性荣誉称号,或否决其主要领导、主管领导和治安责任人评先受奖、晋职晋级的资格。

一票否决权制否决的内容包括以下几个方面:一是否决县(市、区)、乡镇、街道以及机关、团体、学校、企业、事业单位评选综合性荣誉称号的资格。二是否决县(市、区)、乡镇、街道及机关、团体、学校、企业、事业单位的主要领导、分管领导和治安责任人评先受奖、晋职晋级的资格。

知识链接

社会治安综合治理责任制中"领导"主要是指:①党政主要领导干部,包括各级党委、政府的党政主要领导干部和各部门的党政主要领导干部;②分管治安工作的领导干部,包括各级党委、政府领导班子中分管治安工作的同志和各部门领导班子中分管治安工作的同志。

39. 如何开展重大案件防范责任查究工作?

开展重大案件防范责任查究工作,要做到以下方面:

(1)明确查究范围和条件

查究的重点范围是机关、团体、企事业单位以及有明确的治安责任的区域、场所。查究的条件是凡确因治安防范工作不落实或有关人员玩忽职守而发生的重大案件,或虽不属于重大案件,但连续发案,治安秩序混乱,致使国家利益遭受严重损失,群众安全感受到严重威胁的。

(2)查究工作实行属地管理原则

对应予查究的案件,由案件发生地所属的地(市)或县(市、区)综治委或公安机关统一组织有关部门,查明原因,弄清责任,提出处理意见,有关部门负责执行。系统垂直管理的单位,其上级主管部门要积极配合当地综治委(公安机关),督促所属单位自觉服从检查监督,不得以任何借口阻碍和干扰查究工作。

(3)突出重点,依照程序查究

工作中要注意从当地实际出发,集中抓住那些影响恶劣、后果严重、确属防范责任的案件。当前,重点查究一批内部单位发生的重大盗窃案件和重大治安灾害事件。对情节严重和对抗查处的,要从严处理;对主动进行自我检查,认真总结教训,积极搞好整改的,可从宽处理。对应追究刑事责任和应受治安处罚的,按法律程序办理;对应给予党纪、政纪处分的,可提出建议报送纪检、监察部门决定;对应给予经济处罚的,由公安部门依照法律、法规,参照被查究单位和责任人签订的治安责任书,合理确定赔偿和罚款数额。不服处罚的,可依照法律和有关规定上诉或提请复议。

(4)及时公开,注重实效

对查究工作落实情况,综治委可定期通报。并要根据案情,采取适当方式,在一定范围内予以公开处理,典型案例,可通过新闻媒体曝光,以增加社会效果。

知识链接

重大案件防范责任查究制是指因治安防范工作不落实或有关人员玩忽职守而发生重大案件和虽不属重大案件,但连续发案,治安秩序混乱,致使国家、集体利益遭受严重损失,群众安全感受到严重威胁的,都要在认真实行一票否决权制的同时,照章或依法追究有关责任人的责任。它是针对治安防范工作而建立的一种责任制,目的是为了完善治安防范机制。

40. 社会治安综合治理属地管理原则的主要内容和要求是什么?

(1)所有各机关、团体和企事业单位都要服从所在地党委、政府的统一领导。社会治安综合治理工作涉及社会各个领域、各个层次,必须由各级党委统一领导,党政共抓,社会治安综合治理领导机构组织实施,各部门、各单位各负其责。

(2)把“抓系统,系统抓”同“条块结合,以块为主”有机地结合起来。“抓系统,系统抓”就是在综合治理中,调动系统和部门的积极性,利用各方面的力量,运用综合的手段,去治理社会治安中存在的各种问题,要求各部门、各人民团体既要按照“谁主管、谁负责”原则抓好本系统的社会治安综合治理工作，又要积极支持配合地方各级党委和政府督促所属单位搞好综合治理工作。部门所属的企事业单位在综合治理工作中既要执行上级主管部门的部署，又要服从所在地党委、政府的统一领导和所在地社会治安综合治理领导机构的组织、指导、协调、督促和检查。

在实际工作中，要注意充分调动“条”和“块”两方面的积极性。各级社会治安综合治理领导机构在组织实施工作中，要注意协调“条”和“块”的关系，充分调动两个方面的积极性，以期形成合力，更有效地搞好社会治安。

知识链接

属地管理原则，是指在社会治安综合治理中，按行政区划划分的各级党政机关和社会治安综合治理领导机构，依照有关法律或法规性文件，对所管辖区内的综合治理工作全面负责、全面管理。

41.“谁主管、谁负责”原则的主要内容是什么？

“谁主管、谁负责”主要包括三个方面的内容：一是从中央到地方，党政军各部门和各人民团体，都要发挥自己的职能作用，结合本身业务，认真抓好本系统与社会治安综合治理的工作，防止因本部门工作偏差而对社会造成消极影响，主动承担起减少违法犯罪、维护社会治安综合治理和社会稳定的整体责任。二是党政军各部和人民团体，都要抓好本系统的综合治理工作，防止发生重大犯罪和重大治安问题。三是各机关、厂矿、学校、企事业单位和人民团体，都要“管好自己的人，看好自己的门，办好自己的事”，切实加强内部人员的思想教育和各项安全防范工作。一旦发生问题，要酌情追究有关部门、单位直接领导的责任。

知识链接

“谁主管、谁负责”原则，简而言之，就是“谁”负责的地区、部门、单位在治安上出了问题，“谁”就要对此负责。落实“谁主管、谁负责”的原则，是实现社会治安综合治理的核心。这是因为，一方面，社会治安问题是一种综合症，有其复杂的思想根源和社会根源，涉及社会各个领域、各个部门。解决治安问题，只靠政法部门显然是不够的，必须社会各方面和广大人民群众积极参与、齐抓共管并各负其责；另一方面，治理复杂的治安问题，单一的方法和手段是不行的，必须综合运用多种手段，全面完成打击、防范、教育、管理、建设、改造等各项任务。实行“谁主管谁负责”原则，可以保证这项系统工程协调有序、健康顺利地发展。

42. 社会治安综合治理如何体现群防群治原则？

（1）发动群众，提高防范意识

通过宣传发动工作，提高群众参与防范的主体意识，关心社区、单位安全的整体意识，从我做起的自我防范意识。

（2）组织群众，建立防范队伍

群防群治队伍发展得如何，是反映一个地方社会治安综合治理工作是否落实的一个重要方面。要大力加强群防群治队伍的建设和管理，并向网络化方向发展。群防群治队伍的组织建设，无论在纵向上还是横向上，都要形成比较完整的体系。网络化的纵向要求是：区（县）、街道（乡镇)、居民委员会(村民委员会)三级都建立群防群治组织。网络化的横向要求是:地区和地区、单位和单位、地方与单位的群防群治队伍之间,在严格贯彻"谁主管、谁负责"原则和属地管理原则的基础上,互相配合,互相支持,形成合力。

(3)依靠群众,落实防范措施

防范包括自防和社会协防。自防是居(村)民及单位自防,措施主要是发动群众加固门窗,妥善保管现金及贵重物品,落实单位内部的各项安全防范制度等,目的是堵塞治安漏洞,不给违法犯罪分子可乘之机。社会协防是组织群众参与各种防范违法犯罪的工作,如安全员看楼护院、联防队治安巡逻等。

知识链接

群防群治是群众性、互助性自防自治活动的简称,具体是指在各级党委、政府领导和专门机关指导下,群众自己组织起来,预防和治理违法犯罪活动,维护所在地区或单位治安的一种活动,也是社会治安综合治理工作的一项重要工作原则。

43. 群防群治队伍由哪些人员构成?

群防群治队伍由治安巡逻队、义务联防队、平安志愿者、治安信息员、治安巡逻员、安保队、治安中心户、门幢关照员(楼栋长)、综治协管员等人员构成。

知识链接

群防群治队伍的工作制度包括以下几个方面:

(1)听从派出所或民警指挥,在民警或治安员的带领下,做好巡逻看护、情报信息搜集等群防群治工作。

(2)对公安机关所布置的工作任务要认真完成,发现安全隐患或各种违法犯罪情况要及时向民警汇报。

(3)工作过程中要文明热情,同时增强法制观念,一切活动不得超越国家法律、法规。

(4)要严格保密制度,不准向外泄露公安机关的工作机密。

(5)不得以公安机关的名义,做与群防群治工作无关的事项。

(6)要坚持开展各项群防群治工作的时间,无故不得迟到或早退。

44. 社会治安保险的保险责任有哪些?

社会治安保险是政法部门与保险公司共同探索的基层治安防范和财产损失补偿相结合的新机制,是在各级党委、政府统一领导下,由综治、公安部门协调,保险公司具体实施,为人民群众生命、财产提供保险保障的一项重要举措。

社会治安保险的保险责任主要包含了家庭财产保险和人身意外伤害保险两部分。

家庭财产保险的保障内容有:因为自然灾害、火灾、爆炸、盗抢、抢劫、恶意破坏造成房屋及房内财产、室内装潢,家用电器及文体娱乐用品,衣物及床上用品,家具及生活用具,农机具,粮食及农产品(鲜活物品除外)等财产的直接损失;因为盗窃、抢劫造成的现金、金银、珠宝、钻石及玉器,大牲畜(牛、马、驴、骡)等直接损失;因为恶意破坏造成的果木和成材树木的直接损失。

人身意外伤害的保障内容有:保险单中的被保险人因意外事故造成的身故、残疾、烧伤。

知识链接

社会治安保险费不属于专项资金,是商业保险的一种。这是由基层政府部门牵头组织居民自愿向保险公司缴纳一定费用,提高居民人身财产保障程度的一种基层社会治安综合治理工作创新模式。

45. 居民周边的治安问题主要有哪些?

居民周边的治安问题主要是指近半年内发生的:入室盗窃、摩托车被盗、诈骗等刑事、治安案件,“赌、毒、黄”问题,精神病人肇事肇祸,邻里纠纷、家庭纠纷恶化等。

知识链接

居民住宅区治安秩序的好坏,与人民群众的切身利益密切相关,因此是抓好防范工作的重点。目前在做好住宅区的防范工作中,各地创造了不少好的做法。在居民住宅区防范工作上,当前有三种模式:一是在住宅楼群集中、条件具备的地方,推行住宅小区封闭式管理的做法;二是对楼群集中,但不宜实行封闭管理的地段,推广专群结合、义务与有偿结合看护的做法;三是在老城区和平房地段,推广组织退休老工人、老干部义务执勤的做法。

46. 如何维护社会稳定和安全？

根据《中华人民共和国国民经济和社会发展第十四个五年规划和2035年远景目标纲要》，维护社会稳定和安全要做到以下方面：

（1）健全社会矛盾综合治理机制

坚持和发展新时代“枫桥经验”，构建源头防控、排查梳理、纠纷化解、应急处置的社会矛盾综合治理机制。畅通和规范群众诉求表达、利益协调、权益保障通道，完善人民调解、行政调解、司法调解联动工作体系。健全矛盾纠纷多元化解机制，充分发挥调解、仲裁、行政裁决、行政复议、诉讼等防范化解社会矛盾的作用。完善和落实信访制度，依法及时就地解决群众合理诉求。健全社会矛盾风险防控协同机制。健全社会心理服务体系和危机干预机制。

（2）推进社会治安防控体系现代化

坚持专群结合、群防群治，提高社会治安立体化、法治化、专业化、智能化水平，形成问题联治、工作联动、平安联创的工作机制，健全社会治安防控体系。继续开展好禁毒人民战争和反恐怖斗争，推动扫黑除恶常态化，严厉打击各类违法犯罪活动，提升打击新型网络犯罪和跨国跨区域犯罪能力。坚持打防结合、整体防控，强化社会治安重点地区排查整治，健全社会治安协调联动机制。推进公安大数据智能化平台建设。完善执法司法权力运行监督和制约机制，健全执法司法人员权益保障机制。建设国门安全防控体系。深化国际执法安全务实合作。

知识链接

社会稳定和安全，是改革发展的重要保障。要加强和创新社会治理，保持社会和谐稳定，不断夯实长治久安的基础：一是正确处理新形势下人民内部矛盾。坚持和发展新时代“枫桥经验”，畅通和规范群众诉求表达、利益协调、权益保障通道，构建源头防控、排查梳理、纠纷化解、应急处置的社会矛盾综合治理机制。推进信访工作法治化、信息化、科学化，推行领导干部特别是市县领导干部下基层接访制度。完善人民调解、行政调解、司法调解等各类调解联动工作体系，以多元的方式方法化解矛盾纠纷。二是健全社会心理服务体系和危机干预机制。有针对性地加强对重点人群帮扶救助、心理疏导、法律援助，最大限度消解社会戾气，培育自尊自信、理性平和、积极向上的社会心态，严防发生个人极端事件。三是加强社会治安防控体系建设。坚持立体化、法治化、专业化、智能化方向，打造城乡统筹、网上网下融合、人防物防技防结合、打防管控一体的社会治安防控新格局。深入总结疫情防控中联防联控、群防群治的经验，坚持专群结合，创新完善依靠群众、发动群众的制度机制。打好扫黑除恶专项斗争决胜战，建立健全常态化扫黑除恶工作机制，推动严打暴恐常态化，健全对新型网络犯罪和跨国犯罪打击整治机制。

47. 如何有效遏制电信网络新型违法犯罪？

在全国政协十三届常委会第十八次会议上，针对当前电信网络诈骗的情况，对从严整治电信网络诈骗犯罪提出了以下建议：

(1)强化源头治理

电信、银行等部门在继续落实好手机卡、信用卡实名制的基础上，在技术层面研究预防和制止“两卡”被大量非法交易利用的可行性，加大对相关互联网企业监管指导力度，促其积极参与网络共管共治。

(2)完善法律规定

就电信网络犯罪进行专门立法，集中规定涉及此类犯罪的实体性和程序性内容。

(3)严惩犯罪

电信网络诈骗犯罪是目前人民群众反映较为强烈的犯罪之一，必须坚持从严惩处。

(4)依法管控预防

各地区尤其是重点挂牌整治地区，应当不断强化管控，落实惩戒，确保区域内整治效果明显、形势根本好转，同时注意坚持法治原则。

(5)加强法制宣传

针对易受骗群体特别是老年人，开展更有针对性的宣传教育，推动形成积极反诈防诈的社会氛围。

知识链接

对于一些常见电信网络诈骗手法，需要呼吁人民群众注意以下几点：

(1)“钓鱼”短信不要点

短信中的链接可能含有木马病毒，会自动获取手机最高权限，从而盗刷微信、支付宝等第三方软件中绑定的银行卡内资金，请勿轻信。

(2)陌生电话莫轻信

如需咨询客服热线，一定要通过合法的客服平台，切忌在网上搜索陌生号码进行拨打。

(3)网上转账需谨慎

网上自称要转账才能办理的业务，99.9%的情形都是骗子设下的圈套。

(4)业务办理要正规

办理 ETC 业务,可以直接到各大银行网点进行办理,有疑问也可以直接向当地银行营业厅咨询。

(5)个人信息要保密

遇到涉及重要个人信息、银行卡信息输入时,要多留心。一旦发现被骗,要及时联系银行挂失和更改密码,以保障资金安全,同时第一时间拨打 110 报警。

第三章　社会治理知识

48. 什么是社会治理?

社会治理是政府、社会组织、企事业单位、社区以及个人等多种主体通过平等的合作、对话、协商、沟通等方式,依法对社会事务、社会组织和社会生活进行引导和规范,最终实现公共利益最大化的过程。

从运行意义上,"社会治理"实际是指"治理社会"。换言之,所谓"社会治理",就是特定的治理主体对于社会实施的管理。由"社会管理"到"社会治理",不仅仅是概念上的变化,还蕴含着理念、方法、手段和制度等多个层面的深刻变革。

知识链接

在我国,社会治理是指在执政党领导下,由政府主导,吸纳社会组织等多个治理主体参与,对社会公共事务进行的治理活动,是以实现和维护群众权利为核心,发挥多元治理主体的作用,针对国家治理中的社会问题,完善社会福利、保障改善民生,化解社会矛盾,促进社会公平,推动社会有序和谐发展的过程。

49. 当前社区治理面临的问题有哪些?

(1)社区治理体制机制不畅,多部门、多主体协作不力

一方面,社区治理所涉及的内容、对象和维度较为多元、复杂,且涉及社区百姓的切实需要,往往需要不同部门或不同科室的共同参与。但是,在社区治理和民生服务的现实生活中,较为普遍的突出问题是不同行政部门或科室的沟通互动、主体协作异常薄弱。因此,推动社区治理现代化建设迫切需要大格局、大统筹,需多部门联动协作,形成合力切实解决社区治理的老大难问题。另一方面,"条""块"力量统筹不够。在基层社区,除党组织、居委会工作人员外,还有网格员、志愿组织等各类队伍和基层人员,存在工作浮于表面等现象,其基层社区治理和服务的作用有待提高。

(2)社区基层组织行政化严重,基础性主体力量功能缺失明显

一方面,社区居委会行政化严重。作为"群众性自治组织",社区居委会所承载的各行政部门下沉的社区工作事项,已超出其职能范畴及其能力范围,同时各行政部门的可用资源和服务力量存在突出的"上悬"问题,缺少对社区工作的专业指导和具体支持。社区基层组织事务繁杂、权责失衡突出等现象突出。另一方面,社区规模划分不科学、公共服务效果有待提高。该区原有的社区规模划分显得不均衡,科学性不高,使得治理难度有所提升。同时,社区规模无法与社区资源配置、社区治理精细化要求相适应,满足不了居民群众日益增长的需求。绝大部分社区服务站的数量较少,造成人力资源和服务场所的浪费,主动服务或上门服务基本缺失,居民满意度较低,获得感较弱。

(3)社区共同体权利意识和公共精神欠缺,社区自治水平较低

一方面,随着社区居民受教育程度和民主意识的增强,再加上互联网和新媒体的快速发展,及其对社区治理和民生服务的期待增长,其利益诉求表达意愿越来越强烈,逐步倒逼社区治理和服务创新的更新升级。社区居民的利益诉求和价值观的多元化,使得社区议事协商的难度有所增加,这在老城区的治理中较为突出。另一方面,在现实生活中,较多居民对于参与社区建设处在沉默或观望状态,公共精神乏力且参与渠道较少。当前的社区共同体更多停留在概念层面,社区冷漠现象比较普遍。社区居民参与社区公共事务的机会、渠道和平台相对较少,急需建立社区居民互动、互助、自治平台,培育发展社区社会组织,搭建居民参与社区建设的组织化平台。

知识链接

社区治理面临的问题除了上述问题外,还面临的一个重要问题是社会力量缺乏有效引导,较少参与社区治理。一方面,社会组织参与社区社会治理扎根性不足。近年来,政府购买服务在引导社会组织助力社区治理和服务方面发挥出推动作用,有效补充了基层治理和社区服务力量。但由于购买周期较短、项目设计考虑不足等,引起了很多讨论和反思。这就需要社会组织持续扎根社区,利用自身专业优势解决社区治理难题,并与基层社区组织协力培育社区内生力量,推动社区社会组织规范化发展,让社会组织的专业力量和社区社会组织的内生力量互相结合,助力社区治理可持续发展。另一方面,当地社会主体参与社区治理积极性不高。这主要表现在各类驻区单位等社区内社会力量参与社区建设的途径不明晰、积极性不高,党建共建联建在行动层面还亟待开发和拓展,需要开启和丰富辖区单位参与并受益的计划。

50. 平安建设的社会治理格局是什么？

平安建设作为新形势下加强社会治安综合治理工作的新举措，是构建社会主义和谐社会、促进经济社会协调发展的保障工程，是维护广大人民群众根本利益、为人民群众所期盼的民心工程，也是提高党的执政能力、巩固党的执政地位的基础工程。

十九大报告提出，要打造共建共治共享的社会治理格局。共建即共同参与社会建设，包括三个方面：社会事业建设、社会法治建设以及社会力量建设。共治即共同参与社会治理。共享即共同享有治理成果，包括生态成果、文化成果、政治成果等。在现阶段，人们对于个人价值的实现更加关注、更加向往，因此党和政府要充分理解，参与权是民众的宪法权，也是人性需求的组成部分。

社会治理是国家治理的重要方面。良好的社会治理是社会和谐稳定、人们安居乐业的前提和保障。改革开放以来，我国既创造了经济发展的奇迹，又创造了社会稳定的奇迹，成为世界上最有安全感的国家之一。特别是党的十八大以来，在一系列重大决策、重大举措的带动下，政治安全、社会安定、人民安宁呈现历史性新局面，促进了经济社会持续健康发展。这一重要历史性成就的取得，关键原因就在于以习近平同志为核心的党中央把政法工作摆到更加重要的位置来抓，不断打造共建共治共享的社会治理格局，增进了广大人民群众的获得感、幸福感和安全感。

知识链接

人民安居乐业、国家长治久安，离不开共建共治共享的社会治理。随着经济社会快速发展，人民价值取向日趋多元、利益诉求更加多样，各类矛盾风险交织叠加，给社会治理体系和方式提出了更高要求。比如，随着新技术、新业态的涌现，快递贩毒、网上非法集资、电信诈骗等新问题不断涌现，这是加强和创新社会治理不可忽视的问题。打造共建共治共享的社会治理格局，是适应形势变化、提升社会治理水平的必然要求。让更多的主体参与社会治理，以更加多元的方式实现社会治理，更加公平地享受社会治理成果，才能让社会治理格局更加清晰、效能日益彰显。共建共治共享是执政党对公共治理理念的吸纳认同，是上层建筑对经济基础的积极适应，是对社会主要矛盾变化的正确回答。

51. 什么是流动人口？

流动人口是指人户分离人口中不包括市辖区内人户分离的人口。市辖区内人户分离的人口是指一个直辖市或地级市所辖区内和区与区之间，居住地和户口登记地不在同一乡镇街道的人口。

流动人口包括寄居人口、暂住人口、旅客登记人口和在途人口。在建筑和运输部门做临时工的外地民工，进城经商、办企业、就学或从事各种第三产业劳动的外地人口，探亲访友人员，来自外地参加各种会议、展览、购货、旅游的人员，都构成了流动人口。流动人口的构成、数量受城镇性质、所处的地理位置和交通条件制约。各级政治、经济、文化中心城市，交通枢纽城市，革命与历史纪念性城镇，风景名胜旅游区，生产规模较大的名优土特产区，流动人口就多。

知识链接

流动人口可以分为流入人口和流出人口。流入人口是指来到该地区的非户籍人口。流出人口是指离开该地区到其他地方居住的户籍人口。流动人口根据流动性可以分为常住流动人口和短期流动人口。常住流动人口一般指在该地区居住较长的一段时间(如5年)。目前流动人口的行政管理以公安部门为主,主要抓流动人口的治安问题。劳动和社会保障、卫生、教育、计划生育、社区流动人员和出租屋管理服务站等部门,分别管理流动人口的不同方面。

52. 流动人口管理有哪些重要举措?

(1)入户走访

及时掌握流动人口的动态信息,重点做好流动人口住址、婚育状况、有效身份证件的信息登记和录入,保证数据的真实性、及时性和完整性。

(2)提供健康服务

以健康服务活动为契机,大力推行流动人口均等化服务,把流动人口纳入社区服务中,为流动人口提供免费孕前优生健康检查。

(3)建卡立档

建立流动人口已婚育龄妇女登记卡和流出人口信息登记表,对其结婚、怀孕、生育、节育等情况进行动态管理,做到有回访、有服务、有记录。

(4)信息管理

依托信息平台,及时反馈协查信息,进一步加强流动人口双向管理,有效提高全员流动人口建档率,为推进流动人口有效管理提供了有力保障。

(5)增强归属感,营造和谐氛围

积极改善流动人口就业环境,大力推行亲情化管理与服务,增强流动人口对流入地的认同感、归属感，营造共居一地、共保安宁、共创繁荣的和谐氛围。切实提高流动人口的生存、生活质量，认真落实其子女接受义务教育的政策，在入学条件等各方面与当地学生同等对待。积极开展流动人口劳动保障权益保护检查活动和外来务工人员工资支付执法检查。

知识链接

加强流动人口管理，有利于维护社会稳定，缓和社会矛盾，改善流动人口生存质量，创造稳定有序的生活环境，促进城市现代化进程，推动和谐平安社区建设发展。

53. 流动人口居住多长时间可以申领居住证？

离开常住户口所在地县级行政区域到其他地区居住 30 日以上且年满 16 周岁的流动人口符合居住当地区域半年以上、合法稳定就业、合法稳定住所这三个条件之一，均可在申报暂住登记后申领居住证。需要注意的是，离开市辖区到本市其他辖区居住的人员除外。

未满 16 周岁的未成年人和行动不便的老年人、残疾人等，可以由其监护人、近亲属代为申领居住证。监护人、近亲属代为办理的，应当提供委托人、代办人的合法有效身份证件。

申领居住证，应当向居住地公安派出所或者受公安机关委托的社区服务机构提交本人居民身份证、本人相片以及居住地住址、就业、就读等证明材料。

居住地住址证明包括房屋租赁合同、房屋产权证明文件、购房合同或者房屋出租人、用人单位、就读学校出具的住宿证明等；就业证明包括工商营业执照、劳动合同、用人单位出具的劳动关系证明或者其他能够证明有合法稳定就业的材料等；就读证明包括学生证、就读学校出具的其他能够证明连续就读的材料等。

知识链接

申请人及相关证明材料出具人应当对本条规定的证明材料的真实性、合法性负责。对申请材料不全的，公安派出所或者受公安机关委托的社区服务机构应当一次性告知申领人需要补充的材料。对符合居住证办理条件的，公安机关应当自受理之日起 15 日内制作发放居住证；在偏远地区、交通不便的地区或者因特殊情况，不能按期制作发放居住证的，设区的市级以上地方人民政府在实施办法中可以对制作发放时限作出延长规定，但延长后最长不得超过 30 日。

54. 出租房屋是否要签订租赁合同？

《民法典》规定，租赁房屋时要签订租赁合同，而租赁合同可以通过口头或者书面的形式订立，如果租赁期限超过 6 个月的，要订立书面租赁合同。

当事人订立合同，可以采用书面形式、口头形式或者其他形式。书面形式是合同书、信件、电报、传真等可以有形表现所载内容的形式。

知识链接

以电子数据交换、电子邮件等方式能够有形地表现所载内容，并可以随时调取查用的数据电文，视为书面形式。

55. 房屋出租人是否可以将房屋出租给无身份证的人居住?

根据《租赁房屋治安管理办法》的规定,私有房屋和单位房屋出租的,经审核符合出租规定的,房屋出租人应当向公安机关签订治安责任保证书。房屋出租人承担的治安责任中包括:不准将房屋出租给无合法有效证件的承租人。房屋承租人在租赁房屋时,必须持有本人居民身份证或者其他合法身份证件。房屋出租人不得将房屋出租给无身份证件的人居住,既是其应当履行的社会责任,又是保障其房屋出租利益的重要措施。

知识链接

《治安管理处罚法》规定:房屋出租人将房屋出租给无身份证件的人居住的,或者不按规定登记承租人姓名、身份证号码的,处二百元以上五百元以下罚款。房屋出租人明知承租人利用出租房屋进行犯罪活动,不向公安机关报告的,处二百元以上五百元以下罚款;情节严重的,处五日以下拘留,可以并处五百元以下罚款。

56. 房屋出租后多长时间内要将登记信息报告当地公安派出所或社区?

房屋出租人或者实际管理人在出租房屋之后，应当在 24 小时内向公安派出所申报租住人员的身份、联系方式、入住、离开等信息。

登记、申报既可以到辖区派出所社区警务室办理，也可以到社区流动人口、出租屋服务管理站办理。承租人将承租房屋转租或者转借他人的，应当向房屋所在地公安派出所申报备案。在我国，很多城市已经搭建政务网络服务平台，房屋出租人只需用手机微信“扫一扫”出租房屋二维码，即可进入当地政务服务平台，选择相关的功能模块，即可完成登记申报。

出租人未向当地公安派出所办理登记手续出租房屋的，按公安部规定，责令限期补办手续并没收非法所得，情节严重的可以并处月租金 5 倍以下的罚款。承租人将承租房屋转租或者转借他人，未向当地公安派出所申报备案的，处以警告，并没收非法所得。

知识链接

房屋出租人或者实际管理人未申报或者虚假申报实有人口登记信息的，处 200 元以上 500 元以下罚款。中介、单位违反申报规定的，予以警告，责令限期改正；逾期不改正的，处 1000 元以上 5000 元以下罚款。房屋出租人将房屋出租给无合法有效身份证件的人，处 200 元以上 500 元以下罚款。申报义务人拒不配合的，处警告或者 200 元以下罚款；情节严重的，处 5 日以上 10 日以下拘留，可以并处 500 元以下罚款；构成犯罪的，依法追究刑事责任。

个人自有房屋出租的，房屋实际管理人或者出租人应当在出租前，持本人身份证、房产证，向房屋所在地公安派出所办理登记手续。中介机构或者单位房屋出租的，应在出租前向公安派出所办理登记，并签订《房屋出租治安责任保证书》。

57. 什么是城市网格化管理？

网格化管理是一种行政管理改革，依托统一的城市管理以及数字化的平台，将城市管理辖区按照一定的标准划为单元网格。通过加强对单元网格的巡查，建立一种监督和处置互相分离的形式。

第一，它将过去被动应对问题的管理模式转为主动发现问题和解决问题；第二，它使管理手段数字化，这主要体现在管理对象、过程和评价的数字化上，保证管理的敏捷、精确和高效；第三，它是科学封闭的管理机制，不但具有一整套规范统一的管理标准和流程，而且发现、立案、派遣、结案四个步骤形成一个闭环，从而提升管理的能力和水平。

正是因为这些功能，可以将过去传统、被动、定性和分散的管理，转为今天现代、主动、定量和系统的管理。简单讲，城市网格化管理是运用数字化、信息化手段，以街道、社区、网格为区域范围，以事件为管理内容，以处置单位为责任人，通过城市网格化管理信息平台，实现市区联动、资源共享的一种城市管理新模式。

社区网格化管理平台围绕全面贯彻落实科学发展观、创新社会治理和提高服务水平，以居民需求为服务导向，整合人口、社会事务、城市公共服务、民政、卫生、文化以及综治等信息资源和服务资源，以网格化作为切入点、户况作为支撑点、搭建社会治理一体化综合服务平台，构建全地区统一的社区综合服务与社会管理信息平台，推动社会治理创新。

知识链接

实现网格化管理具有以下重要的意义：

(1)实现社会管理服务触角的有效延伸

把社区责任网格作为基本管理单元，把管理服务触角延伸到社区的每个家庭，拓宽社情民意的反映渠道，实现社会管理服务全面有效覆盖。

(2)实现社会管理服务资源优化配置

通过网格化管理，打破条块分割，整合各方资源，做好社区的管理服务工作，政府部门需要委托社区办的事项，按照“权随责走、费随事转”的要求，给予社区必要的支持，使基层问题依靠各级力量和各种资源协同解决。

(3)实现社会管理服务水平不断提升

依靠管理网格，建立健全信息管理平台，推进社区服务业的发展，为社区居民提供多元化、精细化、社会化服务，以促进社区现代化治理进程。

58. 网格管理员的职责有哪些？

网格管理员是负责社区居民信息数据化，服务社区居民的基层工作人员。一般情况下，网格管理员实行专职负责，对所属网格负主要责任。网格管理员的主要职责如下：

(1)严格遵守各项网格管理规章制度，认真履行网格管理各项职责。

(2)对网格管理实行专职负责，为网格管理第一责任人。

(3)要发挥牵头指挥作用,虚心接受网格督导员的监督和指导,带领网格协管员开展网格管理各项工作。

(4)对网格协管员采集、排查的各类信息进行签名审定并上报信息系统。

(5)积极主动做好不和谐因素的排查化解工作,力争将一般性的不和谐因素化解在网格内。

(6)对网格自行化解的进行提交结案操作,对街道科室(部门)提交的结案信息进行认真及时的核实确认。

(7)积极配合、全力协助街道科室(部门)调处各类矛盾纠纷,整治各类问题隐患,确保网格内突出的不和谐因素得到及时有效的化解。

(8)会同网格协管员和网格督导员认真研究分析网格内各种不和谐因素产生的原因,及时采取有效的稳控措施。

知识链接

网格管理员除了上述职责外,还应履行以下职责:一是通过工作例会向分包领导和社居(村)委主任汇报网格工作开展的情况及存在的问题,并提出改进意见。二是完成分包领导和社居(村)委主任交办的其它工作任务。

59. 什么是网格民警?

公安分局根据辖区区域内的人员情况、社会治安复杂程度,将区域分成若干网格,平均每个社区划分成3到5个网格。网格内有网格管理员、网格助理员、网格督导员、网格警员、网格党支部书记和网格司法力量六类人员，分工承担网格内的社会服务和社会管理各项事务。

网格民警主要承担治安秩序维护、矛盾纠纷化解、实有人口管理、便民利民服务等任务。网格民警主要分为两类：一类是辖区网格民警，另外一类是社区网格民警。

知识链接

网格民警的作用：

(1)使日常警务工作做深做实做细，解决长期以来基层单位因工作繁杂、执行力缺失、工作浮于表面等问题。

(2)实现对安全隐患、火险隐患、维稳隐患等涉及治安工作的各类隐患进行分层、分级、全时段、无缝隙、精细化监管。

(3)通过开展社会治安网格化、精细化管理，切实加强对单元网格内的“人、屋、车、场、网”的滚动式排查，建立起排查、处置、反馈、援助等环节相结合的机制，使各类隐患及时消除在萌芽状态，

(4)将被动应对问题的工作模式转为主动发现问题、解决问题，进一步压实工作职责，增强责任意识，有效促进各项打防管控措施的落实，实现案件类警情、社区可防性警情的全面下降，逐步向构建网格化治安防控体系的转变。

60. 网格民警的工作职责有哪些？

网格民警的工作职责如下：

(1)深入群众之中，倾听群众意见，了解群众疾苦，尽力为群众排忧解难，切实做好服务群众、组织群众、宣传群众的有关工作；及时受理报

警求助,在规定时限内办理群众申办事项;积极参与排查调处民间矛盾纠纷,努力把不稳定因素化解在基层、化解在萌芽状态。

(2)全面准确地登记辖区实有人口,了解、掌握基本情况;熟悉可能违法犯罪的高危人群,重点掌握列管的重点人口和监管对象的现实表现,开展对重点人口、监管对象和有轻微违法人员的监督管理和帮教工作,落实工作措施。

(3)组织安全防范:充分依靠基层组织,大力开展安全防范宣传教育,增强群众的自我防范意识和能力;广泛利用辖区资源,动员群众使用技防、物防设施,提高治安防范水平。

(4)负责辖区公共场所、娱乐场所、特种行业、商贸市场、出租房屋和危险物品的治安管理,开展经常性的治安检查;协助办理辖区各类治安行政案件,为侦破刑事案件提供线索。

知识链接

网格民警运行的模式如下:

(1)科学划分网格,推行精细化管理模式

将辖区划分为若干个基本的“网格”单元,每个“网格”进行统一编码,并确定每个“网格”的责任领导、责任民警,形成以专责副所长、社区民警为主导,派出所其他警种作为辅助力量,辅警、治保队员、出租屋协管员等各类群防群治力量同步发挥作用的运作模式。

(2)分层分级监管,形成良好合力

为实现精细化管理,在分类排查基础上,将治安隐患划分为安全防范隐患、治安管理隐患、维稳隐患、火险隐患四大类隐患。各“网格”将四大类隐患进一步细分为一般隐患、重点隐患、督办隐患,由社区、街道、区职能部门三级对口协调,进行分层分级监督管控和限时整改落实。

(3)摸清基础数据,夯实基层基础工作

将隐患排查工作与基层基础工作同步进行,加强对人、事、物、地、组织等社区基本信息的摸查。通过收集各类治安信息,加强研判分析,循线出击,在及时清除各类治安隐患的同时,精确打击各类违法犯罪活动。

61. 如何推进网格化管理建设?

基层社区治理关乎群众的安居乐业,关系政党的执政基础,关涉社会的长治久安,可谓牵一发而动全身。当前,新形势下的基层社区治理面临很多新挑战,如:基层社区人口流动性强,管理难度大;居民治理参与积极性低,多方协调难。因此,必须创新管理,推进社区管理网格化,贯彻社会共治的理念,增强社区治理实效性。

推进社区网格化管理建设,可以从以下方面做起:

(1)推进社区网格化管理,需要坚持完善机制

机制的建设和完善,是保障落实的关键,是统筹协调的前提。而网格化管理工作是一项系统工程,覆盖范围广、工作任务重、操作要求高,需要制定完善机制以保障治理稳步推进。总结试点经验,吸取失败教训,完善管理机制,制定运行机制,实现社区网格化全覆盖。

(2)推进社区网格化管理,需要密切联系群众

人民群众是社区治理的主要对象,也是社区治理的参与主体,必须坚持察民情、晓民声、知民意、聚民智、解民困,以群众力量推进网格化管理。制定联系群众制度,结合社区治理举措,以党建引领基层社区治理,以平台建设推动基层社区建设。加强社区基层治理,推进网格建设管

理,必须建立并完善密切联系群众的制度,增加沟通机会,搭建交流平台,了解群众需求,倾听百姓心声,吸收人民意见,以人民的幸福感、归属感、安全感作为社区治理的奋斗目标。

(3)推进社区网格化管理,需要引入互联网思维

当前,由于互联网能够打破时间局限,打破空间约束,为推进基层社区治理、强化网格管理带来新契机,不少地区的网格管理纷纷拥抱互联网,并在其中不断下功夫、求突破。以"互联网+政务"为手段,深化社区建设网格化,推进基层治理标准化,提高社区管理精细度,构建起党建引领全民参与,共建共享社会治理的新格局。与时俱进是顺应时代潮流、把握现实机遇的不二之选。面对层出不穷的治理难题和管理困境,必须主动发挥网络作用,推动社区多方沟通交流,以便社区治理稳步发展。

知识链接

推进社区网格化管理的过程中,不仅要积极探索、总结经验、发现问题、吸取教训,更要主动转变领导方式,强化机制建设,从制度上促使治理持续规范、持续进步,最终保障网格化的贯彻落实。

62. 社区志愿者当好"为民服务八大员"的内容有哪些?

(1)当好"同舟共济宣传员"

文明实践志愿者积极传递中央人民政府对疫情防控工作的高度重视,解读疫情防控政策措施,增强市民团结一致、共同战疫的必胜信心。积极开展政策解释工作,宣传科学防控知识,充分利用手中的宣传媒体,向地区居民发出"万众一心抗击疫情"号召,号召大家做好家庭与自身防

护，积极正面宣传疫情，坚定抗击疫情信心。

（2）当好“防控信息报告员”

文明实践志愿者由社区（村）原本的文艺、手工、体育等领域志愿者担当起疫情防控志愿者，发挥其熟悉掌握地区人员情况的优势，在疫情防控中及时发现存在的问题，发现好人好事和创新做法进行上报。例如，挨家挨户敲门走访，地毯式排查，通过打电话、发微信与不在家的居民联系，动态掌握相关人员信息，并每天追踪了解其身体状况，有问题及时上报等。

（3）当好“防疫知识讲解员”

文明实践志愿者及时向包片区域群众讲解病毒特点、病症鉴别、消毒方法和防疫知识。志愿服务队主动投身“疫”线，分工负责承担走街入户任务，每天进行信息排查，同时入户发放宣传材料，向居民普及科学的防控知识，让每位出行的居民有效增强防范意识。

（4）当好“居家心理疏导员”

文明实践志愿者针对疫情危险情况下的紧张、害怕、焦虑、恐慌等不良情绪开展积极正向的安抚和疏导。社区志愿者开展心理服务，通过培训督导、电话探访、主动干预，为居民提供指导、咨询、安抚与跟踪调度。

（5）当好“人人有责卫生员”

文明实践志愿者积极引导社区（村）居民做好垃圾分类、文明养犬、有序停车等文明风尚引领和文明行为宣传倡导，维护社区（村）卫生环境，确保居民生活家园的干净、卫生。例如，在社区内设置废弃口罩专用垃圾桶，上面贴“废弃口罩专用”字样，志愿者们引导居民做好垃圾分类，保护环境，科学防疫等。

（6）当好“文明行为引导员”

例如，文明引导员等文明实践志愿者积极倡导相互尊重、人文关爱，特别是对外地返回隔离人群的暖心帮助。耐心劝导相关人员主动报告，主动去相关医院检查等。

(7)当好“邻里互助勤务员”

文明实践志愿者为居家群众及时解决买菜、快递、买水电等生活问题，倡导街坊邻居互助互爱。例如，志愿者免费为社区内20余户60岁以上老人提供代开药志愿服务，解决社区长期服药老人开药不便的“揪心事”等。

(8)当好“防疫法治宣传员”

志愿者们在宣传防疫知识的同时，积极宣传《传染病防治法》的相关知识，动员有密切接触的群众主动报告，共同维护社区家园健康平安。例如，社区志愿者下沉到社区(村)，对《传染病防治法》《疫情防控法律知识手册》等内容进行宣传，对抗击疫情所涉及的法律问题开展咨询服务，利用当地政府或部门微信平台及时推送疫情防控法律知识，引导群众要求接受医学观察和居家隔离等。

知识链接

社区志愿者是指以社区为范围，在不为任何物质报酬的情况下，能够主动承担社会责任而不关心报酬奉献个人的时间及精神的人。为了保障志愿者、志愿服务组织、志愿服务对象的合法权益，鼓励和规范志愿服务，发展志愿服务事业，培育和践行社会主义核心价值观，促进社会文明进步，国务院于2017年8月22日发布《志愿服务条例》，于2017年12月1日起施行。《志愿服务条例》适用于在中华人民共和国境内开展的志愿服务以及与志愿服务有关的活动。

63. 什么是《内保条例》?

《内保条例》是《企业事业单位内部治安保卫条例》的简称。《企业事业单位内部治安保卫条例》是为规范企业、事业单位(以下简称单位)内部治安保卫工作,保护公民人身、财产安全和公共财产安全,维护单位的工作、生产、经营、教学和科研秩序而制定的,于2004年9月13日国务院第64次常务会议通过,由国务院于2004年9月27日发布,自2004年12月1日起施行。

知识链接

单位内部治安保卫工作的要求如下:

(1)有适应单位具体情况的内部治安保卫制度、措施和必要的治安防范设施。

(2)单位范围内的治安保卫情况有人检查,重要部位得到重点保护,治安隐患及时得到排查。

(3)单位范围内的治安隐患和问题及时得到处理,发生治安案件、涉嫌刑事犯罪的案件及时得到处置。

64. 单位内保的基本方针是什么?

单位内部治安保卫工作贯彻预防为主、单位负责、突出重点、保障安全的方针。单位内部治安保卫工作应当突出保护单位内人员的人身安全，单位不得以经济效益、财产安全或者其他任何借口忽视人身安全。

知识链接

单位制定的内部治安保卫制度应当包括以下内容：

(1)门卫、值班、巡查制度。

(2)工作、生产、经营、教学、科研等场所的安全管理制度。

(3)现金、票据、印鉴、有价证券等重要物品使用、保管、储存、运输的安全管理制度。

(4)单位内部的消防、交通安全管理制度。

(5)治安防范教育培训制度。

(6)单位内部发生治安案件、涉嫌刑事犯罪案件的报告制度。

(7)治安保卫工作检查、考核及奖惩制度。

(8)存放有爆炸性、易燃性、放射性、毒害性、传染性、腐蚀性等危险物品和传染性菌种、毒种以及武器弹药的单位，还应当有相应的安全管理制度。

(9)其他有关的治安保卫制度。

单位制定的内部治安保卫制度不得与现行的法律、法规、规章的规定相抵触。

65. 内保工作的指导监督由哪些政府部门负责？

国务院公安部门指导、监督全国的单位内部治安保卫工作，对行业、系统有监管职责的国务院有关部门指导、检查本行业、本系统的单位内部治安保卫工作；县级以上地方各级人民政府公安机关指导、监督本行政区域内的单位内部治安保卫工作，对行业、系统有监管职责的县级以上地方各级人民政府有关部门指导、检查本行政区域内的本行业、本系统的单位内部治安保卫工作，及时解决单位内部治安保卫工作中的突出问题。

知识链接

县级以上地方各级人民政府应当加强对本行政区域内的单位内部治安保卫工作的领导，督促公安机关和有关部门依法履行职责，并及时协调解决单位内部治安保卫工作中的重大问题。

66. 企事业单位如何设置内保机构？

单位应当根据内部治安保卫工作需要，设置治安保卫机构或者配备专职、兼职治安保卫人员。治安保卫重点单位应当设置与治安保卫任务相适应的治安保卫机构，配备专职治安保卫人员，并将治安保卫机构的设置和人员的配备情况报主管公安机关备案。

需要注意的是，单位的主要负责人对本单位的内部治安保卫工作负责。单位内部治安保卫人员应当接受有关法律知识和治安保卫业务、技能以及相关专业知识的培训、考核。单位内部治安保卫人员应当依法、文明履行职责，不得侵犯他人合法权益。治安保卫人员依法履行职责的行为受法律保护。

知识链接

单位内部治安保卫机构、治安保卫人员应当履行下列职责：

(1)开展治安防范宣传教育，并落实本单位的内部治安保卫制度和治安防范措施。

(2)根据需要，检查进入本单位人员的证件，登记出入的物品和车辆。

(3)在单位范围内进行治安防范巡逻和检查，建立巡逻、检查和治安隐患整改记录。

(4)维护单位内部的治安秩序，制止发生在本单位的违法行为，对难以制止的违法行为以及发生的治安案件、涉嫌刑事犯罪案件应当立即报警，并采取措施保护现场，配合公安机关的侦查、处置工作。

(5)督促落实单位内部治安防范设施的建设和维护。

67. 什么是公共秩序？

公共秩序也称“社会秩序”，它是为维护社会公共生活所必需的秩序，由法律，行政法规，国家机关、企业事业单位和社会团体的规章制度等所确定。它主要包括社会管理秩序、生产秩序、工作秩序、交通秩序和公共场所秩序等。遵守公共秩序是公民的基本义务之一。公共秩序关系到人们的生活质量，也关系到社会的文明程度。

公共秩序是一个弹性条款，有国内公共秩序与国际公共秩序之分。援引公共秩序制度不应与他国主权行为相抵触，也不应与外国公法的适用相混淆。

知识链接

维护公共秩序主要依靠道德规范和法律规范两种手段，道德规范与法律规范互为补充、互为条件，二者缺一不可。维护公共秩序具有如下意义:有序的公共生活是构建和谐社会的重要条件;有序的公共生活是促进经济社会健康发展的必要条件;有序的公共生活是提高全体社会成员生活质量的基本保证;有序的公共生活是国家现代化和文明程度的重要标志。

68. 扰乱公共秩序的行为和处罚有哪些?

(1)有下列行为之一的,处警告或者二百元以下罚款;情节较重的,处五日以上十日以下拘留,可以并处五百元以下罚款:①扰乱机关、团体、企业、事业单位秩序,致使工作、生产、营业、医疗、教学、科研不能正常进行,尚未造成严重损失的;②扰乱车站、港口、码头、机场、商场、公园、展览馆或者其他公共场所秩序的;③扰乱公共汽车、电车、火车、船舶、航空器或者其他公共交通工具上的秩序的;④非法拦截或者强登、扒乘机动车、船舶、航空器以及其他交通工具,影响交通工具正常行驶的;⑤破坏依法进行的选举秩序的。聚众实施前款行为的,对首要分子处十日以上十五日以下拘留,可以并处一千元以下罚款。

(2)有下列行为之一,扰乱文化、体育等大型群众性活动秩序的,处警告或者二百元以下罚款;情节严重的,处五日以上十日以下拘留,可以并处五百元以下罚款:①强行进入场内的;②违反规定,在场内燃放烟花爆竹或者其他物品的;③展示侮辱性标语、条幅等物品的;④围攻裁判员、运动员或者其他工作人员的;⑤向场内投掷杂物,不听制止的;⑥扰乱大型群众性活动秩序的其他行为。因扰乱体育比赛秩序被处以拘留处罚的,可以同时责令其十二个月内不得进入体育场馆观看同类比赛;

违反规定进入体育场馆的,强行带离现场。

(3)有下列行为之一的,处五日以上十日以下拘留,可以并处五百元以下罚款;情节较轻的,处五日以下拘留或者五百元以下罚款:①散布谣言,谎报险情、疫情、警情或者以其他方法故意扰乱公共秩序的;②投放虚假的爆炸性、毒害性、放射性、腐蚀性物质或者传染病病原体等危险物质扰乱公共秩序的;③扬言实施放火、爆炸、投放危险物质扰乱公共秩序的。

知识链接

有下列行为之一的,处十日以上十五日以下拘留,可以并处一千元以下罚款;情节较轻的,处五日以上十日以下拘留,可以并处五百元以下罚款:①组织、教唆、胁迫、诱骗、煽动他人从事邪教、会道门活动或者利用邪教、会道门、迷信活动,扰乱社会秩序、损害他人身体健康的;②冒用宗教、气功名义进行扰乱社会秩序、损害他人身体健康活动的。

69. 妨害社会管理的行为和处罚有哪些?

(1)有下列行为之一的,处警告或者二百元以下罚款;情节严重的,处五日以上十日以下拘留,可以并处五百元以下罚款:①拒不执行人民政府在紧急状态情况下依法发布的决定、命令的;②阻碍国家机关工作人员依法执行职务的;③阻碍执行紧急任务的消防车、救护车、工程抢险车、警车等车辆通行的;④强行冲闯公安机关设置的警戒带、警戒区的;⑤阻碍人民警察依法执行职务的,从重处罚。

(2)有下列行为之一的,处十日以上十五日以下拘留,可以并处一千元以下罚款；情节较轻的，处五日以上十日以下拘留，可以并处五百元以下罚款：①伪造、变造或者买卖国家机关、人民团体、企业、事业单位或者其他组织的公文、证件、证明文件、印章的；②买卖或者使用伪造、变造的国家机关、人民团体、企业、事业单位或者其他组织的公文、证件、证明文件的；③伪造、变造、倒卖车票、船票、航空客票、文艺演出票、体育比赛入场券或者其他有价票证、凭证的；④伪造、变造船舶户牌，买卖或者使用伪造、变造的船舶户牌，或者涂改船舶发动机号码的。

知识链接

有下列行为之一的，处五日以上十日以下拘留，并处二百元以上五百元以下罚款：

(1)隐藏、转移、变卖或者损毁行政执法机关依法扣押、查封、冻结的财物的。

(2)伪造、隐匿、毁灭证据或者提供虚假证言、谎报案情，影响行政执法机关依法办案的。

(3)明知是赃物而窝藏、转移或者代为销售的。

(4)被依法执行管制、剥夺政治权利或者在缓刑、暂予监外执行中的罪犯或者被依法采取刑事强制措施的人，有违反法律、行政法规或者国务院有关部门的监督管理规定的行为。

70. 社区特种行业有哪些种类？

特种行业包括以下行业：

(1)旅馆业，包括旅社、饭店、宾馆、酒店、招待所、有接待住宿业务的办事处、培训中心、住客浴室、度假村等。

(2)印铸刻字业,包括印刷、排版、制版、装订、覆膜、复印、打字、制作名片、铸字、印章、刻字等。

(3)旧货业,包括旧货市场、生产性废旧金属收购站点、寄售调剂店、报废机动车(船)回收、拆解企业等。

(4)典当业。

(5)拍卖业。

(6)信托寄卖业。

(7)出入境服务行业。

知识链接

根据我国现有法律规定,特种行业是指在工商服务业中,因经营业务的内容和性质而易于被犯罪分子所利用,由国家或地方法规规定交由公安机关实行治安行政管理的行业,包括旅店业、刻字印铸业、修理业等。上述行业很容易被犯罪分子用来作为隐身落脚的场所,或者借以变造伪造证件、印信以及销匿赃物,因而是治安行政管理和治安预防的重要对象。凡从事特种行业经营的,均应办理《特种行业许可证》。

71. 社区如何对特种行业进行管理?

特种行业管理是指对所经营的业务直接或间接与维护公共秩序和社会治安有关的行业实行治安行政管理。根据有关法规规定,凡经营特种行业,都必须报经主管部门同意,向所在地县(市)公安机关申报领取治安管理登记证,同时向所在县(市)工商行政管理部门申报登记领取营业执照，才能营业；因故歇业、转业或变更登记事项，向工商行政管理部门申办的同时，应在公安机关备案；未经批准，不得私自开业。

一般情况下，社区对这些行业实行治安行政管理，但主要还是依靠该行业的广大从业人员，按照社区的相关规章制度，加强自身意识，从严管理，文明管理，严密防范措施，实行严格的奖惩制度，提高自身的控制能力。

知识链接

在确定特种行业的管理范围时，需要认识到以下几点：

(1)不同性质的社会对特种行业管理范围的设定不同。

(2)对某些行业实行特种行业管理是世界各国和地区的普遍做法。

(3)特种行业管理范围是国家根据不同历史时期的政治、经济状况及治安情势等决定的。

(4)国家可以根据社会治安管理的需要有权随时调整管理范围。

(5)虽然特种行业管理范围随社会发展等因素不断变化，但在一定时期呈相对稳定状态。

(6)确定特种行业管理范围时，切记不要把一些应作为其他治安管理的行业纳入。

第四章　预防和化解社会矛盾

72. 什么是人民调解？

人民调解是指在人民调解委员会的主持下，依照法律、政策及社会主义道德规范，对纠纷当事人进行说服规劝，促其彼此互谅互让，在自主自愿情况下，达成协议，消除纷争的活动。人民调解是我国法律所确认的一种诉讼外的调解形式。它是我国社会主义法制建设中的创举，也是我国一项独具特色的法律制度。它有独特的组织形式，完整的工作原则、制度、程序，严格的工作纪律，方便灵活、形式多样的工作方法。

人民调解工作与广大人民群众的切身利益息息相关，直接影响社会的安定团结，认真开展人民调解工作，能够缓解社会矛盾，促进社会安定团结；能够促进社会主义精神文明建设；能够预防犯罪，减少犯罪；可以积极推动社会生产力的发展；人民群众可以直接参加管理国家和社会公共事务；能够起到党和政府以及审判机关的助手作用。

针对人民调解，我国制订《中华人民共和国人民调解法》，以此作为人民调解的法律依据。

知识链接

人民调解是我国法制建设中一项独特的制度，是现行调解制度的一个组成部分。我国的调解制度主要由三个部分组成：一是法院调解，亦称诉讼调解，是指在人民法院的主持下通过说服教育，促使双方当事人达成和解协议的活动；二是行政调解，是指在具有调解纠纷职能的国家行政机关主持下对纠纷进行调解的活动；三是人民调解，是指在人民调解委员会主持下，依法对民间纠纷当事人说服劝解、消除纷争的一种群众自治活动。根据相关规定，人民调解委员会是调解民间纠纷的群众性组织，在基层人民政府和基层司法行政机关指导下进行工作。实践证明，人民调解是人民群众自我管理、自我教育的好形式，它对增进人民团结，维护社会安定，减少纠纷，预防犯罪，促进社会主义建设发挥了积极作用。

73. 人民调解的工作原则有哪些？

人民调解委员会调解民间纠纷，应当遵循下列原则：

(1)在当事人自愿、平等的基础上进行调解。

(2)不违背现行的法律、法规和国家政策。

(3)尊重当事人的权利，不得因调解而阻止当事人依法通过仲裁、行政、司法等途径维护自己的权利。

需要注意的是，人民调解委员会调解民间纠纷，不收取任何费用。

知识链接

国务院司法行政部门负责指导全国的人民调解工作，县级以上地方人民政府司法行政部门负责指导本行政区域的人民调解工作。基层人民法院对人民调解委员会调解民间纠纷进行业务指导。

74. 人民调解的受理范围有哪些?

人民调解委员会调解的民间纠纷,包括发生在公民与公民之间、公民与法人、其他社会组织之间涉及民事权利义务争议的各种纠纷。

(1)公民与公民

公民与公民之间的纠纷,一般是指发生在家庭成员、邻里、同事、居民、村民之间,因合法权益受到侵犯或者发生争议而引起的纠纷。

(2)公民与法人

公民与法人、其他社会组织之间的纠纷广泛,例如,农村村民与农村合作组织、经济组织、乡镇企业之间因土地承包、农业产业化服务中的合同、划分宅基地、财务管理等方面的纠纷。

(3)企业职工

企业职工与所在企业之间,因企业转制、租赁、兼并、破产、收购、转让,或者因企业拖欠职工工资、医疗费等发生的纠纷。

(4)其他

城市居民与城市市政管理组织、施工单位、企业事业单位等因城市街道市政建设、危房改造引发的纠纷等。

知识链接

《人民调解工作若干规定》规定:人民调解委员会不得受理调解下列纠纷:法律、法规规定只能由专门机关管辖处理的,或者法律、法规禁止采用民间调解方式解决的;人民法院、公安机关或者其他行政机关已经受理或者解决的。

75.当事人在人民调解活动中享有哪些权利和义务?

(1)当事人在人民调解活动中享有下列权利:①选择或者接受人民调解员;②接受调解、拒绝调解或者要求终止调解;③要求调解公开进行或者不公开进行;④自主表达意愿、自愿达成调解协议。

(2)当事人在人民调解活动中履行下列义务:①如实陈述纠纷事实;②遵守调解现场秩序,尊重人民调解员;③尊重对方当事人行使权利。

知识链接

在人民调解过程中,人民调解员负有直接责任。具体表现在以下方面:

(1)人民调解员在调解纠纷过程中,发现纠纷有可能激化的,应当采取有针对性的预防措施;对有可能引起治安案件、刑事案件的纠纷,应当及时向当地公安机关或者其他有关部门报告。

(2)人民调解员调解纠纷,调解不成的,应当终止调解,并依据有关法律、法规的规定,告知当事人可以依法通过仲裁、行政、司法等途径维护自己的权利。

(3)人民调解员应当记录调解情况。人民调解委员会应当建立调解工作档案,将调解登记、调解工作记录、调解协议书等材料立卷归档。

76. 调解协议书的形式及内容有哪些?

经人民调解委员会调解达成调解协议的,可以制作调解协议书。当事人认为无需制作调解协议书的,可以采取口头协议方式,人民调解员应当记录协议内容。

调解协议书可以载明下列事项:①当事人的基本情况;②纠纷的主要事实、争议事项以及各方当事人的责任;③当事人达成调解协议的内容,履行的方式、期限。

调解协议书自各方当事人签名、盖章或者按指印,人民调解员签名并加盖人民调解委员会印章之日起生效。调解协议书由当事人各执一份,人民调解委员会留存一份。口头调解协议自各方当事人达成协议之日起生效。

经人民调解委员会调解达成的调解协议,具有法律约束力,当事人应当按照约定履行。人民调解委员会应当对调解协议的履行情况进行监督,督促当事人履行约定的义务。

知识链接

在达成调解协议后,还需要注意以下事项:

(1)经人民调解委员会调解达成调解协议后,当事人之间就调解协议的履行或者调解协议的内容发生争议的,一方当事人可以向人民法院提起诉讼。

(2)经人民调解委员会调解达成调解协议后,双方当事人认为有必要的,可以自调解协议生效之日起三十日内共同向人民法院申请司法确认,人民法院应当及时对调解协议进行审查,依法确认调解协议的效力。

(3)人民法院依法确认调解协议有效,一方当事人拒绝履行或者未全部履行的,对方当事人可以向人民法院申请强制执行。人民法院依法确认调解协议无效的,当事人可以通过人民调解方式变更原调解协议或者达成新的调解协议,也可以向人民法院提起诉讼。

77. 社区如何开展矛盾排查处理?

社区开展矛盾排查处理,可以从以下方面做起:

(1)加强宣传引导

社区可以利用LED显示屏、微信公众号、发放宣传折页等宣传形式,宣传"四项排查"的重要意义和作用,使排查化解工作深入人心,努力营造全民守法的良好氛围,引导社区居民群众通过合理合法渠道反映问题,解决问题。

(2)定期排查矛盾

实行定期矛盾排查工作机制,社区经常组织开展矛盾纠纷大走访、大排查专项活动。组织网格长、网格管理员等,排查辖区内不和谐因素,并将信息录入网格化精准服务管理平台进行上报,社区召开研判会进行研判,制定专人负责处理。重点做好矛盾纠纷和群众关心的热点、难点问题的摸排工作。排查不稳定因素,全面、详细地了解具体情况、分析现状、讲清原因,做到"社不漏户、户不漏人",并分门别类列出清单,形成报告,不断提高社会矛盾纠纷排查的针对性。

(3)注重化解调处

对走访排查中发现的问题或是接到居民群众的电话或来访,要做到全面掌握矛盾纠纷情况，摸清矛盾纠纷症结，做到件件有着落、事事有答复。例如，××小区××号楼下水管道老化，居民反映常年漏水，社区了解情况后，及时组织片区网格长及相关工作人员一起入户实地查看情况，并积极协调处理。

(4)夯实工作职责

社区可以定期召开矛盾纠纷排查化解专题会议，将化解矛盾纠纷工作列入重要议事日程，实施地毯式网格化排查，社区把存在的安全隐患进行认真梳理、归类，逐项提出整改措施和解决时限。对社区矫正人员和帮教对象等重点人员建立档案，创建档案管理机制。同时，加大矛盾纠纷排查调处力度，对排查出的矛盾纠纷，尽可能当场解决，化解在萌芽阶段。

知识链接

在开展排查处理社区矛盾时，要坚持排查在先，矛盾纠纷早处理。充分发挥社区调解组织的作用，运用各种有效手段，发挥好网格队伍的作用，妥善调处化解各类矛盾纠纷。尤其对小区家庭纠纷、邻里纠纷等容易激化的，早发现，早调处。网格员在摸查过程中，应坚持边排查边调解，对发现的一般矛盾，能现场处理的，就在第一时间及时化解，对集中排查调解的复杂矛盾，负责片区的网格员汇总以后，由书记、网格长、网格员、楼长共同组成矛盾调解小组，按照反复上门、积极调解的原则，争取小事不出网格，大事不出社区。

78. 什么是法律援助？

法律援助是指由政府设立的法律援助机构或者非政府设立的合法律所组织法律援助的律师，为经济困难或特殊案件的人给予无偿提供法律服务的一项法律保障制度。特殊案件是指依照《中华人民共和国刑事诉讼法》第三十五条第二款、第三款的规定，犯罪嫌疑人、被告人是盲、聋、哑人，或者是尚未完全丧失辨认或者控制自己行为能力的精神病人，没有委托辩护人的，人民法院、人民检察院和公安机关应当通知法律援助机构指派律师为其提供辩护。犯罪嫌疑人、被告人可能被判处无期徒刑、死刑，没有委托辩护人的，人民法院、人民检察院和公安机关应当通知法律援助机构指派律师为其提供辩护。

知识链接

法律援助的特征如下：

(1)法律援助是国家的责任、政府的行为，由政府设立的法律援助机构组织实施。它体现了国家和政府对公民应尽的义务。

(2)法律援助是法律化、制度化的行为，是国家社会保障制度中的重要组成部分。

(3)受援对象为经济困难者、残疾者、弱者，或者经人民法院指定的特殊对象。

(4)法律援助机构对受援对象减免法律服务费，法院对受援对象减、免案件受理费及其他诉讼费用。

(5)法律援助的形式，既包括诉讼法律服务，又包括非诉讼法律服务。

主要采取以下形式：刑事辩护和刑事代理；民事、行政诉讼代理；非诉讼法律事务代理；公证证明。

79. 法律援助的对象有哪些？

下列事项的当事人，因经济困难没有委托代理人的，可以向法律援助机构申请法律援助：①依法请求国家赔偿；②请求给予社会保险待遇或者社会救助；③请求发给抚恤金；④请求给付赡养费、抚养费、扶养费；⑤请求确认劳动关系或者支付劳动报酬；⑥请求认定公民无民事行为能力或者限制民事行为能力；⑦请求工伤事故、交通事故、食品药品安全事故、医疗事故人身损害赔偿；⑧请求环境污染、生态破坏损害赔偿；⑨法律、法规、规章规定的其他情形。

知识链接

《法律援助法》规定：有下列情形之一，当事人申请法律援助的，不受经济困难条件的限制：①英雄烈士近亲属为维护英雄烈士的人格权益；②因见义勇为行为主张相关民事权益；③再审改判无罪请求国家赔偿；④遭受虐待、遗弃或者家庭暴力的受害人主张相关权益；⑤法律、法规、规章规定的其他情形。

80. 法律援助的形式有哪些？

法律援助机构可以组织法律援助人员依法提供下列形式的法律援助服务：①法律咨询；②代拟法律文书；③刑事辩护与代理；④民事案件、行政案件、国家赔偿案件的诉讼代理及非诉讼代理；⑤值班律师法律帮助;⑥劳动争议调解与仲裁代理;⑦法律、法规、规章规定的其他形式。

法律援助机构应当通过服务窗口、电话、网络等多种方式提供法律咨询服务;提示当事人享有依法申请法律援助的权利,并告知申请法律援助的条件和程序。

知识链接

人民法院、人民检察院、公安机关通知法律援助机构指派律师担任辩护人时,不得限制或者损害犯罪嫌疑人、被告人委托辩护人的权利。强制医疗案件的被申请人或者被告人没有委托诉讼代理人的,人民法院应当通知法律援助机构指派律师为其提供法律援助。

81. 社区服刑人员有哪些?

社区服刑人员是指适用管制、缓刑、暂予监外执行、假释和剥夺政治权利五种刑罚方法或措施的人员。其依据考核奖惩情况对社区服刑人员按"三级四等"进行分级管理,即:一级宽管、二级宽管、普管、严管。

管制,是指由人民法院判决,对犯罪分子不实行关押,但限制其一定自由并交由司法行政机关(司法局)管束和人民群众监督改造的刑罚方法。

缓刑,是指对判处拘役,三年以下有期徒刑的犯罪分子,根据其犯罪情节和悔罪表现,认为暂缓执行原判刑罚确实不致再危害社会,规定一定的考验期,暂缓其刑罚执行的制度。

假释,是对被判处有期徒刑、无期徒刑的罪犯,在执行一定的刑期之后,确有悔改表现,不致再危害社会,经人民法院裁定有条件的予以提前释放的刑罚执行制度。

暂予监外执行，是指被判处有期徒刑或者拘役的罪犯，由于出现了法律规定的某种特殊情形，不宜在监狱内执行刑罚，依法采取的暂时在监狱外执行的变通的刑罚执行方式。

剥夺政治权利是剥夺犯罪分子参加国家管理和政治活动权利的刑罚方法。剥夺政治权利作为一种资格刑，既可以附加适用又可以独立判处。附加适用时，剥夺政治权利是作为一种比较严厉的刑罚方法而适用于性质严重的犯罪或危害性大的犯罪；独立适用时，剥夺政治权利是作为一种轻刑而适用于危害不大的犯罪。

知识链接

社区对相关服刑人员实施管理时，可参考《中华人民共和国社区矫正法》作为指导。坚持监督管理与教育帮扶相结合，专门机关与社会力量相结合，采取分类管理、个别化矫正，有针对性地消除社区矫正对象可能重新犯罪的因素，帮助其成为守法公民。另外，社区服刑人员应当依法接受社区矫正，服从监督管理。社区矫正工作应当依法进行，尊重和保障人权。社区服刑人员依法享有的人身权利、财产权利和其他权利不受侵犯，在就业、就学和享受社会保障等方面不受歧视。

82. 刑释解教人员有哪些？

刑释解教人员指刑满释放和解除劳动教养回归社会的人员。主要包括以下人员：①被判处管制的。②被宣告缓刑的。③被暂予监外执行的，具体包括：有严重疾病需要保外就医的；怀孕或者正在哺乳自己婴儿的妇女;生活不能自理,适用暂予监外执行不致危害社会的。④被裁定假释的。⑤被剥夺政治权利,并在社会上服刑的。

在符合上述条件的情况下,对于罪行轻微、主观恶性不大的未成年犯、老病残犯以及罪行较轻的初犯、过失犯等,应作为重点对象,适用上述非监禁措施,实施社区矫正。

知识链接

刑释解教人员回归社会后,已恢复了正常的公民身份,在社会中的地位和待遇,应与其他公民一样,平等对待。在我国,对刑释解教人员的社会保护的实质,就是按我国相关法律的规定,保护他们应该享有的公民权利,履行公民应尽的义务。公民基本权利和义务的范围很广,按照刑释解教人员的实际情况,我国社会予以特别关注和保护的主要有:安置就业、帮助教育、家庭婚姻、合法财产、政治权利和社会救济等方面。

83. 司法行政部门安置帮教工作的主要内容有哪些?

刑释解矫人员安置帮教工作,简称安置帮教工作,是在各级政府领导下,依靠各有关部门和社会力量对刑满释放、解除社区矫正人员进行的一种非强制性的引导、扶助、教育和管理活动。安置帮教工作的对象是指刑满释放五年以内和解除社区矫正三年以内的人员。

安置帮教工作的主要任务如下:

(1)按照有关法律、法规和规章,依法对帮教对象进行管理和监督。

(2)通过多种形式,对帮教对象进行思想教育、法制教育、社会公德教育,帮教其不良心理和行为,使他们悔过自新,弃恶从善,成为守法公民。

(3)依法组织帮教安置对象参加适合其年龄、身体条件、劳动技能的社会公益劳动。

(4)帮助帮教对象解决在生活、法律、心理等方面遇到的困难和问题。

知识链接

做好安置帮教工作对预防和减少重新违法犯罪,提高社会治理水平,增强人民群众的获幸福感、安全感具有重大意义,同时可以有效促进和谐平安社区建设,优化社会安全环境。

84. 社会矛盾联动化解要坚持的原则和主要任务是什么?

社会矛盾联动化解要坚持的原则:坚持"以人为本、服务为先"的原则,坚持"关口前移、上下联动"的原则,坚持"首办负责,限时办理"的原则,坚持"全程监督、分级考核"的原则。

社会矛盾联动化解的主要任务:完善基层矛盾纠纷排查工作制度,建立上下联动化解社会矛盾工作平台,再造社会矛盾联动化解工作流程,建立重大社会矛盾协调机制,严格联动化解工作考核督办。

知识链接

社区在联动化解社会矛盾时,应建立责任追究制,以明确各方责任。社区可依托联动化解信息管理系统,建立以化解时效为监督重点,以责任单位、具体工位为监督节点的电子监察系统,对矛盾化解的各个环节全程跟踪、实时监督。对群众评价不满意、工作未落实的,由市社区网格监管中心进行督办。对因矛盾纠纷排查不及时、走访不深入、矛盾化解不到位，导致发生严重后果的，追究主要负责同志和相关责任人的责任。

85. 恐怖袭击的常规手段及非常规手段有哪些？

恐怖袭击的常规手段如下：

（1）爆炸。如炸弹爆炸、汽车炸弹爆炸、自杀性人体炸弹爆炸等。

（2）枪击。如手枪射击、制式步枪或冲锋枪射击等。

（3）劫持。如劫持人，劫持车、船、飞机等。

（4）纵火。如大面积焚烧公共场所等。

恐怖袭击的非常规手段有：

（1）核与辐射恐怖袭击。通过核爆炸或放射性物质的散布，造成环境污染或使人员受到辐射照射。

（2）生物恐怖袭击。利用有害生物或有害生物产品侵害人、农作物、家畜等。

（3）化学恐怖袭击。利用有毒、有害化学物质侵害人、城市重要基础设施、食品与饮用水等。

（4）网络恐怖袭击活动。利用网络散布恐怖袭击、组织恐怖活动、攻击电脑程序和信息系统等。

知识链接

随着信息化技术的发展，恐怖袭击的非常规手段不断变化，网络恐怖袭击活动就是新增的形式。其主要特点是利用网络散布恐怖袭击、组织恐怖活动、攻击电脑程序和信息系统等。

86.如何识别恐怖袭击嫌疑人?

实施恐怖袭击的嫌疑人脸上不会贴有标记,但是会有一些不同寻常的举止行为可以引起我们的警惕,主要有以下表现:①神情恐慌、言行异常者;②着装、携带物品与其身份明显不符,或与季节不协调者;③冒称熟人、假献殷勤者;④在检查过程中,催促检查或态度蛮横、不愿接受检查者;⑤频繁进出大型活动场所;⑥反复在警戒区附近出现;⑦疑似公安部门通报的嫌疑人员。

知识链接

当发现对方是恐怖袭击嫌疑人时,不要惊慌,应保持镇定与冷静,从容面对,以免引起对方警觉而逃脱。同时做好自身保护,防止被嫌疑人发觉。如有危险,应做好个人防护,迅速离开危险区域或就地掩蔽。其后,迅速报警。直接拨打110,反映可疑情况。另外,应牢记嫌疑人特征。尽可能记住嫌疑人及交往人员的体貌特征,在确保不被发现的情况下,可用手机对人和物品进行拍照。

报警时,首先报告最重要的内容,包括地点、时间、相关事件、引起的后果等。如果是砍杀事件,应说清位置、嫌疑人数、体貌特征、衣着打扮、伤亡人数等;如果是纵火事件,应说清发生火灾地点,如哪个区、哪条路、哪路车、哪个住宅区、第几栋楼、第几层楼,附近有无危险物等。

87. 如何识别可疑车辆？

(1)状态异常

车辆结合部位及边角外部的车漆颜色与车辆颜色是否一致、确定车辆是否改色；车的门锁、后备箱锁、车窗玻璃是否有撬压破损痕迹；如车灯是否破损或异物填塞，车体表面是否附有异常导线或细绳。

(2)车辆停留异常

违反规定停留在水、电、气等重要设施附近或人员密集场所。

(3)车内人员异常

如在检查过程中，神色惊慌、催促检查或态度蛮横、不愿接受检查；发现警察后启动车辆躲避的。

知识链接

除了上述三种方法识别外，还有两种方法可识别可疑车辆：一是行驶异常。在非机动车道区域快速行驶，行驶轨迹左右摇摆、忽快忽慢等异常行驶。二是物品异常。车内装载物品属于易燃易爆、易挥发、易腐蚀等危险品，大量管制刀具，物品包装异常等。

88. 发现可疑爆炸物怎么办？

(1)发现可疑爆炸物品时，不要惊慌，保持冷静；不可随意翻动，要立即离开可疑物品，确保个人生命安全。

(2)立刻上报公安、保卫等部门,请公安部门和专家来处理。报警时,要报清个人的身份、时间、地点、物品形状、数量以及现场基本情况,听从公安机关人员指示行动。

(3)在公共场所发现可疑爆炸物品,要服从公安部门的指挥,不要擅自行动,注意保护好现场,尽量不让他人靠近可疑爆炸物品。

(4)切忌大声呼喊周围其他人,这样可能会造成人群恐慌,引发更多不必要的危险。

知识链接

目击者应积极协助警方的调查,尽量识别可疑物发现的时间、大小、位置、外观,有无动过等情况,如有可能,用手机进行拍照或录像,为警方提供有价值的线索。

89. 发生爆炸怎么办?

如果发生爆炸,可采取以下措施应对:

(1)迅速就近隐蔽或者卧倒,就近寻找简易遮挡物护住身体重要部位和器官。

(2)寻找、观察安全出口。

(3)不要用打火机点火照明,以免形成再次爆炸或燃烧。

(4)服从工作人员和专门人员的指挥。

(5)迅速有序撤离现场,避免再次踩踏等事件。

(6)不要因顾及贵重物品而浪费宝贵的逃生时间。

(7)迅速报警,客观详细地向警方描述事件发生、发展的经过。

(8)注意观察现场可疑人、可疑物,协助警方调查。

知识链接

居民家中的易燃易爆物品,除了大家所熟知的天然气、液化气钢罐、汽油桶、油漆、酒精、香蕉水、打火机等物品外,还有一些常用的且不被大家重视的物品,如花露水、香水、指甲油、驱蚊水、杀虫剂都是易燃品,靠近蚊香、烟头、蜡烛等明火会被点燃。

90. 如何开展打击网络电信新型违法犯罪宣传活动?

为加强对打击治理电信网络新型违法犯罪知识的宣传,切实提高居民防诈防骗的意识,社区应积极组织开展打击电信网络新型违法犯罪宣传活动。可采取的具体措施如下:

(1)精心组织,确保工作落到实处

社区联合社区民警,成立防诈防骗专项宣传小组,周密安排组织实施工作计划,确保宣传取得实效。

(2)分级开展精准专项宣传

社区防诈防骗宣传小组对辖区企事业单位、个体户和居民通过分级宣传,建立“三级+”微信宣传平台,以点盖面,力争反诈防骗宣传无死角、全覆盖。以案例形式向居民群众普及电信诈骗案件的发案特点,如何识别、如何应对,防止上当受骗等方法,提醒居民“不轻信、不汇款、不贪财”,远离电信网络新型诈骗犯罪。提醒群众看到陌生号码时一定要提高警惕,不向对方透露自己及家人的身份、存款、银行卡等信息。如遇到可疑情况时,要多与亲属、朋友进行沟通商议或拨打 110 报警电话。

(3)将多种宣传形式相结合,提升居民防范意识

社区通过宣传海报、画册、LED 显示屏、微信公众号和知识讲座、专题活动等多形式开展防范电信网络诈骗知识宣传。例如,结合真实案例重点讲解非法集资、套路贷、电信网络诈骗的定义、常见表现形式,强调预防非法集资、“套路贷”、电信网络诈骗的有效方法,让居民群众牢记坚持防电信诈骗“四不一重”,即对陌生电话不轻信、不透露(指自己的个人信息及银行信息)、不贪心、不汇款,重核实(向自己亲朋好友或公安机关核实),防“套路贷”“三不”原则(不轻信免抵押、免息贷款信息,不从不正规贷款机构借款,不签订任何虚高借款合同)。帮助广大群众理性投资,合法融资,主动远离非法集资,提高自我保护能力,自觉抵制非法集资和电信网络新型诈骗。

知识链接

社区可以积极引导居民群众关注本地反电信诈骗中心公众号,公众号中有当前电信网络诈骗犯罪类型、形式、手段,以及如何防范电信网络诈骗的小知识。通过为人民群众提供咨询服务,进一步提升人民群众对电信网络诈骗的自我防范意识。

91. 如何有效防范重大群体信访事件的发生?

社区群体性信访事件是指具有突发性的、有多人参与的、带有扰乱社会秩序、影响社会公共生活和社区和谐稳定的事件。为应对重大群体信访事件的发生,社区可以从以下方面做起:

(1)针对群体性信访事件应构建起有效的预防机制

处理群体性信访事件是一项极为复杂而敏感的工作,当前的群体性信访事件都是一种以非正常手段为表现形式的突发性过激行为。但群众要求往往也具有一定的合理性,属于新形势下的人民内部矛盾。群体性信访事件一旦发生,或多或少都会造成一定的不良社会影响。因此必须综合运用行政、经济、法律等手段,构建起有效的预防机制,防止其发生。

(2)切实落实信访工作责任制度

重点落实好两个方面的责任制度:一是属地管理的责任制度。进一步强化街道党工委负总责、分管领导具体抓、社区按块落实的信访工作责任制度。二是"谁主管、谁负责"的制度。政府职能部门要对职责范围内的工作切实负起责任。只有把纵横两方面的责任制度都落实到位,责任制度才能真正落到实处。

(3)加强对社区居民的教育与管理

随着经济社会发展和社区建设的推进,社区教育成为提高市民综合素质和生活质量、促进和谐社会建设的重要途径和手段。因此,为更好的推动社区教育发展,可以从以下两个方面入手:

①促使社区居民对社区教育的认识加深。社区教育作为一种社会化的新型的教育,其发展需要社会各个方面的支持与配合。目前,社区教育工作人员对社区教育概念的认识不够充分,居民对社区教育的认识更显不足。有的工作人员将社区教育等同于青少年校外教育,或等同于成人教育。其实,社区教育是面向广大的基层群众、面向社区全体成员开展的教育活动。有的工作人员认为所谓社区教育就是开展文体活动。事实上,社区教育的内容非常丰富,包括思想政治教育、科学文化知识、市场经济知识、法律法规知识、社会文化生活知识等多方面。因此,社区

教育活动的开展一定要立足于社区，充分整合本社区的教育资源，为社区居民提供教育服务，促使社区居民对社区教育的认识加深。

②加强对社区居民的教育服务，满足社区居民的多样化需求。目前，随着社会经济的发展，居民物质生活水平越来越高，与此同时，居民思想观念和生活观念也发生很大的变化，居民需求不断增加，最终促使潜在的矛盾被激发。鉴于此，社区应当将加强对社区居民的教育服务、满足社区居民的多样化需求摆在重要位置，把社区教育服务作为推进社区建设的切入点和突破口。初步建立方便、快捷、高效的教育服务体系。社区教育服务的发展应以人为本，在遵循市场规律的前提下，采用市场调节和行政指导相结合的方式，根据社区居民需求发展社区教育服务，避免造成无效供给或低效供给。

(4)建立社区的长效服务机制

在加强社区"两委"建设的基础上，尽快建立和完善社区综合服务中心，服务配套，给予政策支持，统筹社区物业、家政、培训等服务资源，按照市场规律进行运作，明确社区功能定位，发挥社区居委会自治功能。主要是抓好以下四个方面：抓好社区安全服务，保持社区的长治久安；抓好社区的文化服务，满足居民精神文化生活的需求；抓好社区的健康服务，培养居民良好的生活习惯；抓好社区生活服务，解决居民生活中遇到的各种困难和问题。同时，扩大社区公共服务的覆盖面，在每个社区设立"一站式"办事大厅，为居民提供便捷、规范的行政服务。

知识链接

当前，由于我国正处于工业化、城镇化加快推进的特殊历史阶段，经济基础和社会结构剧烈变动，利益关系和利益格局深刻调整，影响社会稳定的不确定因素明显增多，由人民内部矛盾引发的群体信访事件面广量大，已经成为影响社会稳定的突出问题，影响了社会的稳定和和谐社会的构建。能否积极预防、妥善处置好群体性事件，是对我们党执政能力、执政水平的重大考验。

92. 社区如何预防犯罪活动？

(1)治安、文明和福利结合

社区要发展，首要的标准是安全，治安得不到保障，群众就没有安全感，因而其他任何建设都无从谈起。

第一，加强城市社区治安管理。一是在社区中建立户籍民警执勤室，使民警紧贴群众，不但有利于树立良好的人民警察形象，还有利于密切警民关系，群众有困难可以及时找警察。另外，建立执勤室不仅维护了社区内部治安秩序，还加强了外部巡查，控制了周边环境和社区的各个社会层面，从而保障社区内外良好的治安秩序。二是建立社区保安巡逻队，加强社区内部巡逻。

第二，搞好文明建设，培养提高社区居民素质，倡导社会新风尚。发展安全社区、卫生社区、植树美化环境社区等。开展群众性文化娱乐活动和群众志愿者活动等，使广大社区居民自觉维护社会秩序和社会环境。

(2)人防、物防和技防结合

第一，加强人防，强化动态防范。加强治安组织网络化建设，在社区关键部位配备人防力量进行控制，在社区设立户籍民警执勤室，组建保安巡逻队，白天有民警坐岗督促，晚上有保安分片包干。另外，可以建立多种形式的群众联防组织，选出楼栋值班人员等，这样的人防力量覆盖了整个社区，犯罪分子自然难以下手。

第二，落实物防，加强防范硬件建设。可以要求社区居民大家出钱筹集资金安装防盗门、防盗窗，另外有辖区单位资助建立治安管理办和民警保安执勤室，安装单元电控门闸和围墙护栏等。实施封闭管理，形成立体的防范格局，预防犯罪。

第三，进行“技防”尝试，有选择地防范。因为“技防”需要大量资金，而社区很有可能承受不了，也不一定处处都需要，所以有选择性地在重要地区重点预防，安装住宅区电子遥控门和对讲系统，安装红外线报警系统和电视监控摄像头，完善闭路电视监控系统，以便更好地预防违法犯罪。

(3)管理与服务结合

城市社区的管理工作涉及面广，要使管理工作及时到位，达到预防违法犯罪的效果，首先是管理领导机构班子要到位，制定出一套有效的管理办法，完善自治管理制度。如制定社区文明公约，规范居民个人行为；制定出入凭证制度，净化社区来往人员；制定治安联防队员选拔、培训、教育和考核制度，强化激励机制；完善外来流动人口登记管理制度，加强对外来人员控制；落实社区出租屋管理，杜绝将房屋出租给有犯罪嫌疑的人，有嫖娼、涉毒和参赌嫌疑的人，等等。其次是要广泛采集信息，结合人口普查、户口调查和情况询查，建立综合信息网络。将外来暂住人口按照常住人口的方式管理，全部登记造册明确管理重点，有条件的可以大力发展信息员，使社区管理进入现代化。最后，配合当地的公安机关，坚持走群众路线，建立一支高效的现代化治安管理力量。

(4)将宣传教育与重点帮教矫正结合

开展城市社区的宣传教育，是城市社区管理的基础，其目的在于通过教育来提高居民素质，消除产生犯罪的主观条件，提高预防犯罪的意识和积极性。首先是思想、道德教育，通过集体主义、共产主义思想及高尚情操教育，使居民了解目前治安状况及预防犯罪与本身利益的关系，树立共同创建美好家园的集体主义思想，净化社会环境，预防犯罪。其次是文化知识教育，通过对城市社区居民进行基础文化知识、法制知识和科学知识的教育，提高文化水平和法律意识，使社区居民自觉守法并懂得怎样运用法律武器保护自己，打击和预防犯罪。

知识链接

城市社区帮教、矫正组织主要由社区户籍民警、社区居委会工作人员、居民等组成，对处于违法犯罪边缘和刑满释放解教人员实行教育挽救和巩固作用，尤其是对青少年要加强帮教矫正力度，关心其生活，注意其思想动态，一旦发现不良苗头，及时给予帮助，解决问题，促使其良性转化，减少犯罪和再犯罪的可能性。

93. 如何预防高校群体性事件的发生？

(1)建立专业的预防机构

该预防机构大致由学校相关领导、宣传部门、心理咨询师、医务室、保安部门、监测小组、评估小组组成，这里的监测小组最好由学校相关团体成员组成，这样方便监测学生的思想，预防即将发生的事情。对于在校内发生的重大事件，一定要有人出面调解，而且确保调解清楚，不要用武力解决问题。

(2)完善装备、制定应急措施

对于高校突发群体性事件发生时需要的一些设备要备全，如巡警车、医疗设备、保安装备等。制定至少三套应急措施，以防事件发生时大家手足无措。应急措施务必完整，并进行实际演练，以确保能完美实施。同时定期进行一次演练，让不同年纪的、不同地方的大学生都能了解学校的意图。

(3)建立专门的信息检测制度

由监测小组和评估小组组成，监测小组可分为实战组和网络技术人员。实战组走近学生生活，而网络技术人员通过网络进行检测。评估组则是由专业人员担任，当监测组发现问题，立即上报相关部门，此时由评估组进行评估，再度上报，并采取相应措施。

(4)高校应主动对学生进行正确的思想引导

在大学里，各专业教师要注意对大学生进行思想引导，不要把坏的思想传递给学生。对于重大事件要及时作出回应，要做到公平公正。对于国家的一些大事，校方要给出一定解释，大家一起讨论，通过主流思想带动大家。

知识链接

除了上述措施外，还可以与家庭建立联系。有些大学生比较依赖家长，对于这种类型的学生，可以通过与家长的交流来了解大学生的思想。而对于那些不喜欢和家长交流的大学生，家长可以通过观察来了解。如此与大学生家长建立良好的关系，这样就可以多管齐下，全面了解大学生动态，防患于未来。

94. 如何应对民族、宗教问题引发的群体性事件？

群体性突发事件的背后，往往混杂着世俗利益的冲突。尤其当涉及民族、宗教等因素时，少数民族群众以及信教群众的民族、宗教情感被调动，冲突便会被扩大。因此，在涉及民族、宗教因素的群体性突发事件中，首先要对民族的团结以及宗教的积极因素予以认可。遇到民族、宗教问题引发的群体性事件时，可从以下方面做起：

(1)领导干部旗帜鲜明，态度坚决

宗教强调的大多是与人向善，强调对于幸福的追求以及道德的约束，所以遇到涉及民族、宗教因素导致的群体性突发事件时，在思想上要对涉事群体的民族或宗教予以认可，不被问题所包裹着民族、宗教外衣所迷惑，不能因为个人的行为而对该民族或宗教存在偏见。领导干部要主动深入引起事端的具体原因，深入广大群众关注的焦点，寻找问题的根源。对于破坏社会稳定的事件，必须坚决反对，及时采取措施，力求将事端解决在萌芽状态，不可犹豫不决。

(2)善于调动本民族以及宗教界爱国人士做群众工作

民族及宗教界爱国人士，在各自所联系的群众中，往往具有领导干部不可替代的作用。由他们到少数民族群众中进行说服和调解，有时比行政干部更容易让群众接受。特别是在事件发生过程中，群众情绪比较激烈，矛盾可能趋于激化的时候，爱国重要人士的积极作用更容易发挥。

(3)树立大局意识，缩小问题的范围

遇到涉及民族、宗教因素群体性突发事件，要树立大局意识，坚持以大局为重。由于民族、宗教的心理认同，一旦涉及民族、宗教因素后容易被扩大，缩小范围可以避免局部乃至全局震荡，尽可能争取和团结大多数群众，避免对经济发展造成干扰，防止矛盾的激化。在对事件处置失当时，领导者在检讨错误的同时，要适度处理，防止涉及面过广。

(4)慎用警力，善于运用法律手段解决问题

在群体性突发事件中，要慎用警力、慎用强制措施，万不得已不能把公安政法机关推到第一线，更不能用专政的手段来对待少数民族群众。在处理群体性突发事件中，部分基层干部过度依赖于强制手段，这不仅不利于缓解和消除矛盾，反而不断制造矛盾，加剧了当地政府与少数民族之间的紧张关系。

知识链接

在日常工作中，社区应主动将预警机制和群众教育相结合。根据以往规律，涉及民族、宗教因素的群体性突发事件，往往存在着各种历史问题。当发现有问题累积时，应做好预案排查，力争把问题解决在基层，解决在当地，解决在萌芽状态。当事件发生、平息后，要认真总结经验，理顺群众情绪，耐心细致地做好群众的思想教育工作，特别是要精心维护民族团结、宗教和睦，维护社会稳定，增强政策和法制方面的教育，只有这样才能避免事件的再次爆发。

第五章　生产生活安全知识

95. 企业生产安全常识有哪些?

企业安全生产常识可以概括为:

一个方针:安全第一、预防为主、综合治理。

二条原则:岗位职责;操作规程。

三不伤害:不伤害自己;不伤害别人;不被他人伤害。

四不放过:事故原因未查清不放过;事故责任者和领导责任未追究不放过;广大职工未得到教育不放过;防范措施未得到落实不放过。

五个须知:知道本单位安全重点部位;知道本单位安全责任体系和管理网络;知道本单位安全操作和标准;知道本单位存在的安全隐患和防范措施;知道并掌握事故抢险预案。

六个不变:坚持“安全生产”的思想不变;企业法人代表作为安全生产第一责任人不变;行之有效的安全规章制度不变;从严强化安全生产力度不变;安全生产一票否决的原则不变;充分依靠职工的安全生产管理办法不变。

七个检查:查认识;查机构;查制度;查台账;查设备;查隐患;差措施。

八个结合:建立约束机制与鼓励机制相结合;突出重点与坚固全面结合;职能部门管理与齐抓共管相结合;防微杜渐与突出保障体系相结

合；弘扬安全文化与常抓不懈相结合；安全检查与隐患整改相结合；落实责任制度与完善责任追究制相结合；强化安全管理与推行安全生产相结合。

九个到位：领导责任到位；教育培训到位；安管人员到位；规章执行到位；技术技能到位；防范措施到位；检查力度到位；整改处罚到位；安全意识到位。

十大不安全心理因素：侥幸；麻痹；偷懒；逞能；莽撞；心急；烦躁；赌气；自满；好奇。

知识链接

在企业生产安全管理中，企业依据相关风险评估方法及风险分级管控标准，进行系统科学全面的风险辨识、评估，确定风险分级，明确管控层级和管控责任，制定管控措施，形成风险管控清单。企业在风险分级管控的基础上，结合原有隐患排查治理体系，编制事故隐患排查清单，检查风险管控措施落实情况，将风险管控措施未落实或失效的作为安全事故隐患进行治理，确保各类风险管控措施持续有效。

96. 工地安全常识有哪些？

(1)建筑施工重地闲人免进。

(2)凡进入施工现场的人员，都要戴好安全帽。

(3)参加操作人员，必须懂得本工种的安全技术操作规程，遵章操作。

(4)工作前必须检查设备，确认安全后方可操作。

(5)现场所有的机电设备，要设专人负责，非操纵者一概禁止乱开、乱动。工作时精神要集中,不得脱离岗位,不要与别人闲谈和吵闹。

(6)各工种在同一工作场所立体交叉作业时,应相互联系,上下呼应,互相监督,保证安全。

(7)施工现场必须差距畅通,走正式道路和铺设的马道,禁止攀登脚手架上下和基坑上下,禁止在支的横梁底板上操作行走。

(8)高空作业人员必须挂牢安全带,禁止任意投扔工具和其他物料。

(9)禁止擅自乱拆已搭设好的脚手架设备,未经领导进行安全交底的施工项目不得自行盲目操作。

(10)工作中禁止饮酒,禁止互相打赌、打闹,禁止较量逞强冒险作业。

(11)凡在现场内的操作人员,不准穿拖鞋、高跟鞋,不准赤脚和赤膊,不准穿着短裤乱跑。

(12)在雷雨时要离开高压线及变电所 2 米以外的安全地方,以免发生危险。

(13)禁止在现场设有危险标志和专门围栏处行走,禁止在起重臂活动区域内逗留。

(14)施工现场要充分发挥“三宝”的作用。操作者要按要求戴好安全帽,高空作业要系好安全带,挂好安全网。

(15)凡是操纵机械的人员,在注油维修时,必须停车拉闸;非电工禁止乱接乱拉灯线和动力线,在电线上禁止搭挂衣物,电闸箱内禁止存放工具及物品。

(16)夜间施工必须有足够的照明,照明行灯用 36 伏安全电压。

(17)要遵守企业的各项安全防火制度和场内外的交通规则。

(18)现场发生安全事故,要及时上报,保护好现场。

(19)现场地沟井、基坑必须设置安全护栏和警告标志,以防发生事故。

知识链接

正确佩戴安全帽要注意两点：一是帽衬和帽壳不能紧贴，要有一定间隙，顶部间隙为20毫米～50毫米，四周为5毫米～20毫米，当有东西落到安全帽壳上时，帽衬可起到缓冲作用，保护头部和颈椎，不将帽衬摘下使用；二是必须系紧帽带，防止物体多次打击而致使事故。

97. 高空作业安全常识有哪些？

(1)施工前，应逐级进行安全技术教育及交底，落实所有安全技术措施和个人防护用品，未经落实时不得进行施工。

(2)高处作业中的安全标志、工具、仪表、电气设施和各种设备，必须在施工前加以检查，确认其完好，方能投入使用。

(3)悬空、攀登高处作业以及搭设高处安全设施的人员必须按照国家有关规定经过专门的安全作业培训，并取得特种作业操作资格证书后，方可上岗作业。

(4)从事高处作业的人员必须定期进行身体检查，诊断患有心脏病、贫血、高血压、癫痫病、恐高症及其他不适宜高处作业的疾病时，不得从事高处作业。

(5)高处作业人员应头戴安全帽，身穿紧口工作服，脚穿防滑鞋，腰系安全带。

(6)高处作业场所有可能坠落的物体，应一律先行撤除或予以固定。所用物件均应堆放平稳，不妨碍通行和装卸。工具应随手放入工具袋，拆卸下的物件及余料和废料均应及时清理运走，清理时应采用传递或系绳提溜方式，禁止抛掷。

(7)遇有六级以上强风、浓雾和大雨等恶劣天气，不得进行露天悬空与攀登高处作业。台风暴雨后，应对高处作业安全设施逐一检查，发现有松动、变形、损坏或脱落、漏雨、漏电等现象，应立即修理完善或重新设置。

知识链接

高空作业通常指的是高处作业，指人在一定位置为基准的高处进行的作业。国家标准 GB/T3608—2008《高处作业分级》规定，高处作业为："在距坠落高度基准面 2 米或 2 米以上有可能坠落的高处进行的作业。"根据这一规定，在建筑业中涉及高处作业的范围是相当广泛的。在建筑物内作业时，在 2 米以上的架子上进行操作，即高处作业。

98. 受限空间安全作业常识有哪些？

受限空间是指封闭或部分封闭，与外界相对隔离，出入口较为狭窄，作业人员不能长时间在内工作，自然通风不良，易造成有毒有害、易燃易爆物质集聚或者含氧量不足的空间。

(1)受限空间作业的危险特性

作业环境情况复杂；危险性大，发生事故后果严重；容易因为盲目施救造成伤亡扩大。

(2)受限空间的风险分析

①中毒。受限空间易聚集高浓度有害物质而引起中毒。有害物质可能是原来就集聚在受限空间的，也可能是在作业过程中逐渐积聚形成的。

②窒息。空气中氧气浓度过低会引起缺氧窒息。受限空间氧气被细菌消耗导致缺氧；在受限空间中进行焊接、加热、切割作业会消耗氧气导致缺氧。

③火灾、爆炸。受限空间内集聚了易燃易爆气体，达到了爆炸极限时遇到火源会引起火灾、爆炸。

④其他危害。受限空间，除了以上三种主要危险有害因素外，还存在淹溺、坍塌、触电、坠落、机械伤害、灼烫、高温等危险有害因素。

(3)如何进行受限空间的作业管理

①实行严格的作业审批制度：进入受限空间作业前必须进行严格的作业审批，严禁擅自进入受限空间作业。

②强化受限空间作业的安全培训管理，对现场负责任、监护人以及作业人员必须进行专项安全教育培训。

③受限空间作业前进行“先通风、再检测、后作业”，严禁检测不合格就进行作业。

④作业中所有人员应该遵守受限空间作业的职责和安全操作规程，正确使用受限空间安全装备和个人防护用品。

⑤作业时所用的一切电器设备必须符合有关用电安全操作规程的要求。

⑥受限空间作业结束后应该清点人数，清理现场。

知识链接

一切通风不良、容易造成有毒有害气体积聚和缺氧的设备、设施和场所都叫受限空间(作业受到限制的空间)，在受限空间的作业都称为受限空间作业。受限空间作业涉及的领域广、行业多，作业环境复杂，危险有害因素多，容易发生安全事故，造成严重后果；作业人员遇险时施救难度大，盲目施救或救援方法不当，容易造成伤亡扩大。

99. 从事特种作业的人员要遵循哪些要求?

根据国家安全生产监督管理局相关文件的规定,特种作业是指容易发生人员伤亡事故,对操作者本人、他人及周围设施的安全可能造成重大危害的作业。直接从事特种作业的人员和相关管理人员统称为特种作业人员。特种作业有不同的危险因素,容易损害操作人员的安全和健康,因此对特种作业需要有必要的安全保护措施,包括技术措施、保健措施和组织措施。

《中华人民共和国劳动法》和有关安全卫生规程规定:

从事特种作业的职工,所在单位必须按照有关规定,对其进行专门的安全技术培训,经过有关机关考试合格并取得操作合格证或者驾驶执照后,才准予独立操作。

特种作业人员必须接受与本工种相适应的、专门的安全技术培训,经安全技术理论考核和实际操作技能考核合格,取得特种作业操作证后,方可上岗作业;未经培训,或培训考核不合格者,不得上岗作业。特种作业人员培训考核实行教考分离制度,国家安全监督管理局负责组织制定特种作业人员培训大纲及考核标准,推荐使用教材。培训机构按照培训大纲和推荐使用的教材组织开展培训。各省级安全生产监督管理部门、煤矿安全监察机构或其委托的有资质的单位根据考核标准组织开展考核。

特种作业操作证,由国家安全生产监督管理局统一制作,各省级安全生产监督管理部门、煤矿安全监察机构负责签发。特种作业操作证在全国通用。特种作业操作证不得伪造、涂改、转借或转让。

知识链接

《特种作业人员安全技术培训考核管理规定》中所列的特种作业有以下种类：电工作业；焊接与热切割作业；高处作业；制冷与空调作业；煤矿安全作业；金属非金属矿山安全作业；石油天然气安全作业；冶金（有色）生产安全作业；危险化学品安全作业；烟花爆竹安全作业；安全监管总局认定的其他作业。

100. 家庭防盗常识有哪些？

（1）室内防盗

①加固门窗法：平房、楼房底层和二楼窗户应安装防盗栅栏；住进新宅时，应检查防盗门或房门锁是否合乎标准，不合格的立即更换；在房门上下两端各装一个暗插销，睡觉前插上；租赁房屋时，应及时更换门锁，检查防盗设施是否完好，并记住以前访客的有关情况。

②风铃和感应灯法：在阳台挂上风铃或装上感应灯，睡前启动；如卧室离阳台较远，可将感应灯和小型蜂鸣器连在一起。另外，可在室内门窗安装磁性感应报警器。

（2）贵重物品保管

①家中不要存放大量的现金，除保障日常花销处，应存入银行。

②存折和有价证券应设置密码，如设置记录密码本，应分开隐蔽存放。

③有条件的家庭，应设置小型的墙体式保险箱，可将少量的现金、存折、有价证券、金银饰品、珠宝等贵重物品放入其中。

④昂贵物品，如金银珠宝、名贵字画、古董等应存放在有保管业务的银行保险箱内。

(3)防“自己人”作案

近年来，“自己人”作案的盗窃案屡见不鲜。所以，要注意对家庭财产的保密，家中的贵重物品、现金、债券及股票等，不能轻易露底，包括对某些亲友、邻居。不要将家中钥匙随便交给他人使用，防止居心不良的人偷配钥匙行窃；如果钥匙丢失，要马上换锁。

(4)养成安全习惯

离家去串门、买东西等即便是一会儿也一定将门锁好，以防被坏人“溜门”。不能与萍水相逢、不明底细的人交往，更不能带到家中来做客，防止“引狼入室”。

(5)发现居家被盗

①迅速拨打 110 报警电话，不要在室内走动，也不要清理家中物品，不要接触门把手、锁具，不让无关人员进入，以免破坏指纹、脚印。

②发现或怀疑存折被盗，应立即办理挂失手续。

③对盗贼留下的物品，应重点保护，待警方处理。

④家中财产投保的，及时通知保险公司。

知识链接

家庭防盗报警器是用物理方法或电子技术，自动探测发生在布防监测区域内的侵入行为，产生报警信号，并提示值班人员发生报警的区域部位，显示可能采取对策的系统。

报警主机是预防抢劫、盗窃等意外事件的重要设施。一旦发生突发事件，就能通过声光报警信号在安保控制中心准确显示出事地点，便于迅速采取应急措施。防盗报警主机与出入口控制系统、闭路电视监控系统、访客对讲系统、电子巡更系统等一起构成安全防范系统。防盗报警器广泛应用在城市安防、银行、电信、电力、司法、交通、小区、工厂、公司、学校、家庭、别墅、仓库、资源、石油、化工、燃气输配、水利设施、实时视频监控系统等众多领域。

101. 居民防骗常识有哪些？

(1)要有反诈骗意识

俗话说："害人之心不可有，防人之心不可无。"当然，"防人"并不要搞得人心惶惶，关键是要有这种意识，对于任何人，尤其是陌生人，不可随意轻信和盲目随从，遇人遇事应有清醒的认识，不要因为对方说了什么好话、许诺了什么好处就轻信、盲从。要懂得调查和思考，在此基础上做出正确的反应。

(2)不要感情用事

诈骗分子的最终目的是骗取钱财，并且是尽可能在短时间内骗走。因此，对于表面讲"感情"、讲"哥们儿义气"的诈骗者(特别是自称不幸的"落难者"，新认识的"朋友""老乡")若提出钱财方面的要求，切不可被表象所蒙蔽，不要一味"跟着感觉走"而缺乏理智，要学会"听、观、辨"，即听其言、观其色、辨其行，要懂得用理智去分析问题。

(3)不和陌生人交往

对于防范意识差的中小学生来说，提高对陌生人的警惕是必要的。假如遇到陌生人与你交谈时，记住以下忠告才能保障你的安全：与陌生人交谈时要注意保持一定距离；不坐陌生人的车；不吃陌生人给的食物；尽量不给陌生人带路；不能把钥匙之类的东西交到陌生人手中。

(3)切忌贪小便宜

对飞来的“横财”和“好处”，特别是不很熟悉的人所许诺的利益，要深思和调查。不要因为一时的诱惑，落入骗子布置好的骗局中。

(4)远离“能人”

对过于主动自夸自己有“本事”或有“能耐”的人，或者过于热情地希望“帮助”你解决困难的人，要特别注意。那些自称“名流”“能人”的诈骗分子为了能更快地取得你的信任，达到其不可告人的目的，大多会主动地在你面前炫耀自己，此时，要格外注意，因为你面前的那个“能人”很可能是一个十足的骗子，而且他正试图取得你的信任。

知识链接

随着互联网经济和电信产业的迅猛发展，不法分子实施诈骗的技术、手段不断翻新，增加了公众的辨别难度。电信网络诈骗集团化、专业化、跨国化运作的趋势明显，诈骗团伙得以快速“繁衍”。依托特定的技术、手段的电信网络诈骗，成本更低，获利更高，打击更难。因此，不法分子不惜铤而走险。在电信网络诈骗越来越猖狂的背景下，每一个普通人都要提高防骗意识，加强相关知识的学习。

102. 防范抢劫的措施有哪些?

(1)碰到骗门

有陌生人称替你家人代送物品，你不妨打个电话先核实一下，向家人问清情况后，再开门，千万不要轻信马上开门。

(2)老人小孩在家防抢

对有人以抄水表、抄煤气表、维修之类理由想进家门时，在无法确定真假时，不妨婉言拒绝，待家人回来后再说，千万不要轻易开门。

(3)骑车或走路防抢

走路时，手机不要一直拿在手上。女同志挎包不可单肩挎背，应斜挎并置于身前，以防顺手牵羊或割断包带被抢。

(4)应对入室抢劫

由于室内是一个相对封闭的环境，居民处于孤立无援的状况，遇劫的居民很难指望外援，在这种情况下，如果被害人应付不当，就可能使歹徒得逞，甚至导致恶性事件发生，相反，如果居民镇定自若，与歹徒巧妙周旋，则有可能自救。

①不要惊慌失措，要冷静思考对策。

②观察歹徒的行为举止，如遇蒙面歹徒，要记下歹徒的身高、衣着、口音、举止等特征，为公安人员提供破案线索。

③歹徒作案逃离后，要注意保护现场，歹徒用手摸过的物品不要马上归置，应待公安人员提取现场证据后再作处理。

④有些入户抢劫案件是被害人的熟人所为，或是熟悉被害人家庭的人员及其招来的同伙所为，案发后被害人应尽力回忆案发前遇到的可疑人、可疑事，注意比较歹徒和自己周围熟人的口音、举止、体貌特征是否相像。

⑤在条件允许的情况下，被害人及其家庭成员应机智勇敢地同歹徒作斗争，力争制服歹徒，扭送归案。

(5)应对拦路抢劫

拦路抢劫一般都发生在比较偏僻的地区，作案时间多集中在晚上、深夜或凌晨，因为在这个时间和地区内，行人、车辆较少，便于歹徒实施抢劫。公民外出时如遇到歹徒拦路抢劫，应注意以下几点：

①不要惊慌,要保持镇静,头脑清醒,迅速思考对策。

②面对拦路抢劫的歹徒,一般先不要跑,因为歹徒的目的是为了抢劫钱财,如果急于逃走,可能会遭到歹徒的伤害。应与歹徒巧妙周旋,寻找机会求救,可将随身携带的少量钱财、物品交给歹徒,并注意记下歹徒的相貌、衣着、身高、口音和逃离方向、交通工具等,及时报告附近的公安巡逻人员或到就近的公安派出所报案,以协助公安机关追捕歹徒,破获案件。

③如果面对的歹徒人数较少,周围又有同伴或其他群众过路,可应付周旋,乘歹徒不备时上前与其搏斗,夺下其凶器,或突然跑开并高声呼救,在群众的协助下将歹徒吓跑或当场抓获,扭送至公安机关。

④如果在拦劫现场无反抗条件,可在歹徒实施抢劫后逃离现场时,悄悄跟踪其去向,注意观察歹徒的落脚点,以便报告公安机关及时将其抓获。跟踪时要注意隐蔽自己,如在比较空旷的地区不便隐蔽最好不要跟踪,以免被歹徒伤害。

⑤对于公然在列车、长途汽车上结伙持械洗劫旅客的歹徒,旅客应机智勇敢地同歹徒作斗争。在这种情况下,歹徒人数一般都少于旅客,在危急关头,国家干部、共产党员、革命军人和政法人员都应挺身而出,带领群众勇斗歹徒,不能眼看国家财物和人民的生命财产受到侵害。当然,要注意策略,有勇有谋,不能硬拼。

知识链接

近年来,随着各级公安机关打击刑事犯罪活动的不断加强,犯罪分子不断变换手法,采用新手段进行抢劫犯罪。经网上侦查,目前一些地区相继出现以下几种新型抢劫作案手段:

(1)以传播病毒为名抢劫案件

有犯罪分子手拿自称有艾滋病毒或其他病毒的针筒实施抢劫的案件。该类抢劫案件的案发时间以上午6时至12时和下午7时至12时两个时段居多,多为1至3人的团伙纠合作案。犯罪分子往往扮作拉客仔,对单独行走的外地人,以介绍廉价出租车为名,诱骗其上出租车或预先备好的车辆。事主上车后,犯罪分子拿出针筒,声称针筒内有艾滋病毒或其他病毒,威逼事主交出随身携带的现金、手机等物品。

(2)色诱麻醉抢劫案件

这类案件发案地集中在娱乐场所、电影院、投影厅等地点,类型如下:一是男性消费者较为集中的歌舞厅、酒店、咖啡厅等场所,犯罪分子多为2至3人互相配合作案,趁事主不注意,将药物迅速放入酒、茶或饮料中,待事主昏迷后,将其随身携带的物品洗劫一空。二是非法营运的汽车上,犯罪分子多为一女数男共同作案,与在电影院、投影厅作案手法相似,待事主昏迷后将其汽车抢走。

(3)绑架勒索从事色情服务女性案件

此类案件的演变已具备集团性、多发性、系列性和暴力性的特点。犯罪分子除绑架勒索外,往往还伴有抢劫、强奸、轮奸、伤害甚至"撕票"等恶性犯罪,严重威胁事主的生命财产安全,危及社会治安稳定。这类案件的犯罪分子以男性为主,每次作案人数为1至4人,以洗头、消费为名前往发廊、歌舞厅、夜总会,伺机物色发廊"洗头妹"或娱乐场所"三陪女"为作案对象。犯罪分子常利用各种手段与事主拉近关系,博取她们的信任,然后将其骗至预先准备好的出租屋实施抢劫、强奸、轮奸甚至杀人,并向其家属进行勒索。

(4)以网友见面为名抢劫案件

犯罪分子先通过互联网与事主结成网友,在博得信任后,约事主到旅馆、出租屋、酒吧等地见面,伺机实施抢劫。团伙作案的,犯罪分子大多将事主约到旅馆、出租屋等地点合力将事主制服,抢走其身上所携带的财物。单人作案的,犯罪分子一般将事主约到旅馆、酒吧、餐厅等地,趁事主不注意将迷昏药放入事主饮料中，待事主昏迷后，抢走其身上所有财物，甚至引发杀人案件。

103. 消防安全常识有哪些？

（1）忌家用电器故障引起火灾。使用电炉、电热毯、电熨斗等，要避免因线路老化、经常搬运导致电线受损引起火灾。

（2）忌乱扔烟头引发火灾。“小小一支烟，能毁万丈楼”，尤其像灶房这样易燃物较多的地方要格外注意。

（3）忌燃放烟花爆竹引起火灾。燃放烟花爆竹要掌握正确的燃放方法，燃放后对现场要进行检查清理，消除火险隐患。

（4）忌烤火取暖引起火灾。冬季烤火取暖严禁用汽油、煤油、酒精等易燃物引火，火炉周围不要堆放可燃物品，取暖器材不要用来烘烤衣物。

（5）忌燃烧垃圾引起火灾。垃圾里可能有可燃可爆物，如液化器残液、玻璃瓶、废旧液体打火机等，一旦燃烧就有爆炸的可能。

（6）忌气体泄露引起火灾。一旦发现煤气泄漏，应立即关闭气阀和炉具开关并打开门窗，此时不要打开室内任何电器或使用室内电话，发现邻居家燃气泄漏应立即敲门通知，切勿使用门铃。

（7）忌不配备消防器材。每个家庭都应配备小型灭火器等，每位成员都要掌握使用方法。

知识链接

厨房是家庭里最容易引发火灾的地方，使用厨房时要注意以下方面：

（1）厨房用火要有人照看，做到人离火熄、电断、气关。

(2)选用合格的电器产品并按说明书正确操作使用，电线老化或破损要及时更换。

(3)液化石油气钢瓶应保持直立，不要加热、烘烤、摇晃、卧放和曝晒；发现燃气管道或液化石油气输气管道泄漏，要迅速用湿抹布盖住阀门将其关闭，打开门窗通风，并严禁使用明火和启动电源开关。

(4)油锅加热时严防火势过猛、油温过高造成起火。

(5)厨房尘垢油污、烟囱及抽油烟机通风管道应经常清理，防止油脂沉积引发火灾。

104. 安全用电常识有哪些？

(1)禁止用手去移动运转的家用电器，如台扇、洗衣机、电视机等。

(2)禁止赤手赤脚去修理家中带电的线路或设备。

(3)禁止用湿手摸、湿布擦灯具、开关等电器用具。

(4)禁止随意将三眼插头改成两眼插头。

(5)禁止乱拉、乱接电线。

(6)禁止私自在原有的线路上增加用电器具。

(7)禁止使用不合格的用电设备。

(8)禁止无人看管的情况下使用电熨斗、电吹风、电炉等电器。

(9)禁止私设电网捕鱼、防盗、狩猎等。

(10)禁止用铅线、铜线等替代熔线用作保险丝等。

知识链接

发生触电事故时，在保证救护者本身安全的同时，首先必须设法使触电者迅速脱离电源，然后进行以下抢救工作：

(1)解开妨碍触电者呼吸的紧身衣服。

(2)检查触电者的口腔，清理口腔的黏液，如有假牙，则取下。

(3)立即就地进行抢救。如呼吸停止，采用口对口人工呼吸法抢救。若心脏停止跳动或不规则颤动，可用人工胸外挤压法抢救，不能无故中断。

如果现场除救护者之外，还有第二人在场，则还应立即进行以下工作：提供急救用的工具和设备；劝退现场闲杂人员；保持现场有足够的照明和保持空气流通；拨打急救电话，请医生前来抢救。

实验研究和统计表明，如果从触电后1分钟开始救治，则90%可以救活；如果从触电后6分钟开始抢救，则仅有10%的救活机会；而从触电后12分钟开始抢救，救活的可能性极小。因此当发现有人触电时，应争分夺秒，采用一切可能的办法进行抢救。

105. 安全用水常识有哪些？

(1)注意保持饮用水清洁卫生，发现饮用水变色、变浑、变味，应立即停止饮用，防止中毒，并拨打供水服务热线。

(2)不得私自挪动供水设施，尤其不得私自移动水表。

(3)如装修改造用水设施，应选用饮用水专用管材，改造后要做打压试验。

(4)定期自检用水设施，关闭用水阀门后如出现水表自走，说明漏水。

(5)寒冷季节，应对用水设施采取必要的防冻保护措施。室内无取暖设施的，应在夜间或长期不用水时关闭走廊和室内门窗，保持室温；同时关闭户内水表阀门，打开水龙头，放净水管中的积水；室外水管、阀门可用棉、麻织物或保暖材料帮扎保暖，以防冻裂损坏。

(6)长期无人居住的房屋，应到相关水务辖区客服中心办理暂停用水手续，并关闭用水阀门；将自家的电话号码留给邻居或物业公司，以便情况紧急时联系。

知识链接

哪些水不能喝？

(1)生水

生水中含有各种各样对人体有害的细菌、病毒和人畜共患的寄生虫，很容易引起急性胃肠炎、病毒性肝炎、伤寒、痢疾及寄生虫感染。

(2)老化水

俗称“死水”，也就是长时间贮存不动的水。常饮这种水，对未成年人来说，会使细胞新陈代谢明显减慢，影响身体生长发育，中老年人则会加速衰老。许多地方食道癌、胃癌发病率日益增高，可能与长期饮用老化水有关。

(3)千滚水

千滚水就是在炉上沸腾了一夜或很长时间的水，还有电热水器中反复煮沸的水和多次反复使用的蒸锅水。这种水因煮得过久，水中不挥发性物质，如钙、镁等重金属成分和亚硝酸盐含量很高，久饮这种水会中毒。

(4)不开的水

人们饮用的自来水，都是经氯消毒灭菌处理过的。氯处理过的水中可分离出 13 种有害物质，其中卤化经、氯仿还具有致癌、致畸作用。当水温达到 100 摄氏度时，这两种有害物质会随蒸汽蒸发而大大减少，如继续沸腾 3 分钟，则饮用安全。

(5)重新煮开的水

有人习惯把热水瓶中的剩余温开水重新烧开再饮，目的是节水、节煤、节时。但这种节约不可取，因为水烧了又烧，使水再次蒸发，等于喝千滚水。

106. 交通安全常识有哪些?

(1)行人安全常识：①行人要走人行道，没有人行道的靠路边行走；②横过车行道，要走人行横道或按指示标志走过街天桥、地下通道；③通过有行人信号灯控制的路口时，应做到红灯停、绿灯行；④横过没有人行道的车行道，要看清来往车辆，不要突然横穿；⑤不要在道路上拦车、追车、扒车或抛物击车；⑥不要在道路上玩耍、坐卧或进行其他妨碍交通的行为；⑦不要钻越、跨越人行护栏或道路隔离设施；⑧学龄前儿童应由成年人带领在道路上行走；⑨高龄老人上街应有人搀扶陪同；⑩不要进入高架道路、高速公路以及其他禁止行人进入的道路；⑪不要擅自进入交通管制区。

(2)驾驶员安全常识：①遵章守纪，不开违章车；②按道行驶，不开急躁车；③规定车速，不开英雄车；④劳逸结合，不开疲劳车；⑤文明礼让，不开赌气车；⑥掌握规律，不开盲目车；⑦经常保养，不开带病车；⑧养成习惯，不酒后开车。

(3)乘车安全常识：①自觉遵守乘车秩序，待车停稳后，先下后上；②不要在车辆禁停位置招呼出租车；③不准携带易燃易爆等危险品乘车；④车辆行驶中，不要将头、手伸出窗外；⑤不要妨碍驾驶员正常操作；

⑥不要向车外吐痰、投掷物品；⑦车行道上，不要从车辆左侧车门上、下车；⑧乘坐小客车时，前座乘客要系好安全带；⑨乘坐货运机动车时，不准站立或坐在车厢栏板上；⑩乘坐两轮摩托车必须头载安全头盔，不要倒坐或侧坐；⑪乘坐轻轨要遵守轨道交通有关规定，听从管理人员的指挥和引导。

知识链接

交通安全顺口溜：交通安全很重要，交通规则要记牢。从小习惯要养好，不在路上疯打闹。行走应走人行道，没有行道往右靠。天桥地道横行道，横穿马路离不了。一慢二看三通过，莫与车辆去抢道。骑车更要守规则，不能心急闯红灯。乘车安全要注意，遵守秩序要排队。手头不能伸窗外，扶紧把手莫忘记。

107. 电梯安全常识有哪些？

(1)乘坐厢式电梯时的注意事项：①勿乘超过检验有效期的电梯；②严禁在电梯内外拍、踢、撞击、倚靠、强扒梯门和摇晃打闹；③禁止在轿门和层门之间逗留、用身体阻挡梯门；④严禁超载使用电梯；⑤切勿乘坐晃动剧烈、异响、轿厢内无照明、电梯门关不上或未关门就运行、轿厢地板与楼层不水平等状态异常的电梯；⑥勿让学龄前儿童、高龄老人或无民事行为责任能力的人员独自搭乘电梯；⑦遇火灾、地震或其他灾害时，请勿乘坐电梯。

(2)乘坐自动扶梯的注意事项：①搭乘前要系紧鞋带，留心松散、拖曳的服饰(例如长裙、礼服等)，以防被梯级边缘、梳齿板、围裙板或内盖板挂拽；②准备搭乘时要按顺序依次搭乘，请勿相互推挤，特别是有老年人、儿童及视力较弱者共同乘用时更应注意；③踏入自动扶梯时要注意双脚离开梯级边缘，站在梯级踏板黄色安全警示边框内，勿踩在两个梯级的交界处，以免摔倒；④搭乘时要面向梯级运动方向站立，一手扶握扶手带，以防因紧急停梯或他人推挤等意外情况摔倒，若因故障扶手带与梯级运行不同步时，注意随时调整手的位置；⑤离开时要顺梯级运动之势抬脚迅速迈出，跨过梳齿板落脚于前沿板上，以防绊倒或鞋子被夹住。

知识链接

被困电梯的处理措施：

(1)保持镇定，稳定情绪，不要自行向电梯外翻爬。

(2)找到电梯内的紧急报警装置，通过报警装置向外界求救，或者拨打电梯应急处置电话报警。

(3)向外发出求救信息后，在专业人员的指导下采取相关措施，不可擅自采取撬门、扒门等错误的自救行动，应该在电梯内静待专业人员开门救援。

108. 防范溺水的常识有哪些？

生命有限，溺水无情。在日常生活中我们要提高安全防范意识，注意各种游水、戏水事项，溺水事件是可以避免的。

(1)不要独自一人外出游泳，也不要到不知水情或比较危险且易发生溺水伤亡事故的地方去游泳，更不要私自到江、河、湖、水库等地游泳。选择好的游泳场所，对场所的环境要了解清楚。若有危险警告，则不能在此游泳。

(2)要清楚自己的身体健康状况,平时四肢就容易抽筋者不宜参加游泳或不要到深水区游泳。游泳时切勿太饿、太饱。饭后一小时才能下水,以免抽筋。

(3)要做好下水前的准备,先活动活动身体,如水温太低应先在浅水处用水淋洗身体,待适应水温后再下水游泳;镶有假牙的同学,应将假牙取下,以防呛水时假牙落入食管或气管。

(4)对自己的水性要有自知之明,下水后不能逞能,不要贸然跳水和潜泳,更不能互相打闹,以免喝水和溺水。不要在急流和漩涡处游泳,更不要酒后游泳。

(5)在游泳中如果突然觉得身体不舒服,如眩晕、恶心、心慌、气短等,要立即上岸休息或呼救。跳水前一定要确保此处水深至少有3米,并且水下没有杂草、岩石或其他障碍物。以脚先入水较为安全。

知识链接

溺水时的自救方法:

(1)不要慌张,发现周围有人时立即呼救。

(2)放松全身,让身体漂浮在水面上,将头部浮出水面,用脚踢水,防止体力丧失,等待救援。

(3)身体下沉时,可将手掌向下压。

(4)如果在水中突然抽筋,又无法靠岸时,立即求救。如周围无人,可深吸一口气潜入水中,伸直抽筋的那条腿,用手将脚趾向上扳,以缓解抽筋。

第六章　公民道德和法制宣传教育

109. 公民基本道德规范有哪些?

《公民道德建设实施纲要》提出了“爱国守法、明礼诚信、团结友善、勤俭自强、敬业奉献”二十字的公民道德基本规范。

“爱国守法”是公民对国家的最首要的道德义务。公民应当热爱国家、建设国家、保卫国家,维护国家的尊严,保守国家的机密,敢于同一切危害国家利益和安全的行为作斗争,把对国家的一切义务和责任看成是自己的天职。“守法”是公民道德的最低层次的要求。公民应当维护法律确定的最基本的政治秩序和社会秩序,尽法律所规定的一个公民应尽的义务。

“明礼诚信”是公民如何待人的道德规范。在我国,无论在何种场合,无论从事什么样的活动,公民彼此间都应该讲文明、讲礼貌、有诚信、有爱心。我国自古以礼仪之邦著称于世。在改革开放的条件下,特别是我国加入 WTO 之后,国际交往日益增多,公民能否明礼,关系到世界对我们国家的形象和文明程度的评价,因此,“明礼”具有特别重要的现实意义。“诚信”是人与人之间交往关系中最基本的道德。它是公民道德人格中的基本要素之一。在经济活动中要诚信,杜绝假冒伪劣、坑蒙拐骗;在日常生活中也要信守诺言,忠诚待人。

“团结友善”是公民与公民之间应当如何相处的基本规范。每一个公民，不论民族、年龄、职业，都是中华人民共和国这个大家庭中的一员。公民之间应该彼此团结，相互友爱。要做到团结友善，就必须怀着友好的愿望，抱着彼此平等的心理相互对待，就必须对己严、对人宽，就必须将心比心，“己所不欲，勿施于人”。当然，团结友善必须是在正义原则之下的团结友善。

“勤俭自强”是公民对待生活、对待自身的道德规范。作为一个公民，有劳动的权利和劳动的义务，应当懂得没有勤奋就不会有社会财富的道理，推崇勤劳，反对懒惰和游手好闲。公民还应该厉行节约，反对奢侈浪费和享乐主义的生活方式。在现实生活中，公民应当自强不息，不断进取，保持一种健康向上的精神风貌，凡事尽量依靠自己而不依赖他人。

“敬业奉献”是公民对待职业活动的道德规范。每一个公民都要从事一定的职业，职业是公民与社会联系的重要方式和途径。对待职业或事业要严肃认真，一丝不苟，精益求精，为国家、为社会、为他人做出有益的贡献。

知识链接

《新时代公民道德建设实施纲要》坚持以习近平新时代中国特色社会主义思想为指导，全面总结近些年道德建设的成绩和经验，准确把握道德建设领域存在的不足和问题，科学分析新时代对公民道德建设提出的新要求。该纲要明确了新时代公民道德建设的任务，即推动新时代全民道德素质和社会文明程度达到一个新高度，为决胜全面建成小康社会、开启全面建设社会主义现代化国家新征程和实现中华民族伟大复兴中国梦的战略目标凝聚磅礴力量。

110. 什么是公民道德建设“十要十不要”？

一是要遵纪守法，不要违法乱纪；二是要崇尚科学，不要相信邪教；三是要彼此谦让，不要斤斤计较；四是要邻里和睦，不要针锋相对；五是要艰苦创业，不要好逸恶劳；六是要尊老爱幼，不要恃强凌弱；七是要礼貌待人，不要横行霸道；八是要团结群众，不要惟我独尊；九是要男女平等，不要重男轻女；十是要文明饮酒，不要酗酒闹事。

知识链接

加强公民道德建设是一项长期而紧迫、艰巨而复杂的任务。说其紧迫是因为新时代中国特色社会主义事业需要公民道德建设有新高度，说其艰巨而复杂是因为中华民族伟大复兴和“两个一百年”奋斗目标任重道远，而风云变幻的国际形势让道德建设和社会文明建设的环境更为复杂。我们必须适应新时代的历史方位，遵循新发展理念所提出的新要求，坚持目标导向和问题导向相统一，进一步加大工作力度，把握道德建设的规律，积极创新道德教育、道德实践和文明创建的形式，持之以恒、久久为功，推动全民道德素质和社会文明程度达到一个新高度。

111. 社会公德规范有哪些？

(1)文明礼貌

社会公共生活中人与人之间应该和谐相处，举止文明，以礼相待。

自觉杜绝说脏话、随便猜疑、欺骗他人等恶习。这是处世做人最起码的要求。

(2)助人为乐

在公共生活中,人与人之间应该团结友爱,相互关心,相互帮助。爱人者人恒爱之,信人者人恒信之。现实生活中不可能人人都时时快乐、事事顺心,难免会遇到这样那样的困难和问题,总有需要人帮助、救济的时候。这就需要人们之间互相帮助,扶危济困,乐善好施,以助人为乐。对不法行为,每个公民都应当分清是非,挺身而出,智斗勇斗,都有责任和义务自觉维护社会治安。

(3)爱护公物

爱护公共财物是社会公德极其重要的内容。尤其在公共场合更要注意这一点。

(4)保护环境

为了保持社会公共生活的环境整洁、舒适和干净,保障社会成员的身体健康,每个公民都应当讲究公共卫生、保护生活环境。

(5)遵纪守法

法律是对公民行为的必要约束及规范,是对道德的补充。自觉遵守法律法规、纪律,是社会公德对全体公民的最基本的要求。每个社会成员都应自觉提高法律意识、增强法纪观念,自觉用法纪来指导和约束自己的行为,自觉履行法纪规定的义务,敢于并善于运用法律武器同各种违法乱纪现象作斗争,并能正确运用法纪手段保护自己的合法权益不受侵犯,真正做到知纪懂法,遵纪守法。

知识链接

社会公德简称“公德”,是指存在于社会群体中间的道德,是生活于社会中的人们为了社会群体的利益而约定俗成的应该做什么和不应该做什么的行为规范。它对维系社会公共生活和调整人与人之间的关系具有重要作用。这里的“公德”与“私德”相对，是指与国家、组织、集体、民族、社会等有关的道德。

112. 职业道德规范有哪些？

（1）爱岗敬业

爱岗就是热爱自己的工作岗位，热爱自己的本职工作。具体说，就是每个职工以正确的态度对待自己所从事的职业活动，对自己的工作认识明确，感情真挚，在实际工作过程中，能最大限度地发挥自己的聪明才智，表现出热情积极、勇于探索的创造精神。敬业就是用一种恭敬严肃的态度对待自己的工作，勤勤恳恳、兢兢业业，忠于职守，尽职尽责。

（2）诚实守信

作为人立身处事的美德，诚实守信就是表里如一，言行一致，既不自欺又不欺人；作为人从事职业活动的职业道德，诚实守信是对待国家社会、对待他人、对待事情都要讲忠诚信义，是做人之本、立事之基、为政之根。对于个人来说，诚实守信代表一个人的人格；对于企业来说，诚实守信代表一个企业的生命；对于政府来说，诚实守信代表政府的威望。人无信不立，业无信不兴，国无信不宁。

（3）办事公道

办事公道，是指从业人员在从事职业活动、行使职业权力时，站在客观公正的立场上，按照同一标准和同一原则公平合理地做事和处理问题。简单地说，就是公平、公正、合理，秉公办事，主持正义。可见，办事公道是处理职业内外关系的行为准则。公平、公正，不徇私舞弊，不贪赃枉法，是几千年来为人称道的职业道德。人们都希望自己与别人一样受到同等的对待，企求在法律面前人人平等，在制度面前人人平等，在纪律面前人人平等。秉公执法、不徇私情，直接关系到政治是否清明，直接关系到党风、政风、民风的好坏。

(4)服务群众

服务的基本含义是提供解决问题、满足需要的措施。服务群众是为人民服务，为人民办事情。服务群众就是为人民服务精神更集中的表现。在我国，人人都是为他人服务的主体，人人又都是被他人服务的对象。社会全体从业者通过互相服务，来达到社会发展、共同幸福。可以说，“我为人人，人人为我”是人生存和发展的基础，服务群众是职业行为的本质，是每个职业劳动者的责任和义务。为他人服务，为社会服务，也是市场经济的内在属性和本质要求。市场经济作为一种相对合理、有效的经济运行机制和模式，它在道德上提出的基本要求，就是通过公平交易、平等交换，实现相互服务，使参与的双方或多方互通有无，带来社会的普遍效益。因此，在市场经济条件下，服务群众的精神只能强化，不能淡化。

(5)奉献社会

奉献社会是社会主义职业道德的基石和最高境界，是集体主义思想在人生观、价值观、伦理观上的升华，是一个超越市场经济为整个社会生活服务的最高道德层面。一个能够奉献社会的人，是一个高尚的人、一个有道德的人。

在职业道德基本规范中，爱岗敬业，诚实守信是对从业人员的职业行为的基础要求，是首先应当做到的。办事公道、服务群众比前两项要求高了一些，需要有一定的道德修养做基础。奉献社会，则是社会主义职业道德这五项要求中最高的境界。一个人只要达到一心为社会做奉献的境界,就有刻苦钻研的精神,就能实现全心全意为人民服务。

知识链接

职业道德的概念有广义和狭义之分。广义的职业道德是指从业人员在职业活动中应该遵循的行为准则,涵盖了从业人员与服务对象、职业与职工、职业与职业之间的关系。狭义的职业道德是指在一定职业活动中应遵循的、体现一定职业特征的、调整一定职业关系的职业行为准则和规范。不同的职业人员在特定的职业活动中形成了特殊的职业关系,包括职业主体与职业服务对象之间的关系、职业团体之间的关系、同一职业团体内部人与人之间的关系,以及职业劳动者、职业团体与国家之间的关系。

113. 家庭美德规范有哪些?

(1)尊老爱幼

我国自古以来就倡导"老有所终,幼有所养",形成了尊老爱幼的良好家庭美德传统。不孝敬父母、不善待子女,是违背家庭美德的行为,情节严重的会受到法律的制裁。因此,尊老爱幼,不仅是每个公民必须遵守的道德准则,也是每个公民应尽的社会责任和法律义务。

(2)男女平等

男女平等,是指在家庭生活的各个方面,女子和男子人格独立、地位平等,享有同等的权力,负有同等的义务。要摒弃"重男轻女"的传统思想,使家庭中的男女享有教育、就业及财产等方面的同等权利。特别是在生育观上，要真正做到“生男生女都一样”。实现男女平等，需要男性的理解、支持和尊重，也需要女性努力做到“自尊、自爱、自信、自立、自强”。摆脱传统女性角色的束缚，自我确立生活目标，自我选择生活道路，自我驾驭生活航船，自我主宰个人命运，以巾帼不让须眉的豪情，去学习、去拼搏、去创造，实现自我，做一名既是“生活主人”又是“事业强者”的时代新女性。

(3)夫妻和睦

夫妻是家庭关系的核心，夫妻和睦是家庭幸福的重要前提和保证。夫妻关系应以平等互爱为基础。夫妻之间不存在“谁侍候谁、谁主宰谁”的问题，“大男子主义”“妻管严”等倾向，都是要不得的。许多家庭夫妻不和，实际上都是由一些“小事情”引起的，如一方很少做家务或根本不做家务，或者一方在家务事上很少与另一方沟通等。作为夫妻，应该努力做到互敬、互爱、互信、互帮、互谅、互让、互慰、互勉，共同营造和谐的家庭氛围。

(4)勤俭持家

勤俭持家，是我国家庭的传统美德。我国民间流传着许多勤俭持家的格言，如“勤是摇钱树，俭是聚宝盆”“俭以养德”“一粥一饭，当思来之不易；半丝半缕，恒念物力维艰”等。改革开放以来，人民生活水平逐步提高，绝大多数家庭生活已从“温饱型”向“小康型”转变，但是我们仍应该珍惜劳动果实，继承和发扬勤俭持家的传统美德。

(5)邻里互助

良好的邻里关系对人们的生活、工作、学习等各方面都大有益处。我国劳动人民一贯重视邻里关系，民间流传着许多名言，如“邻里好，赛元宝”“远亲不如近邻”等。“孟母三迁”的故事更是妇孺皆知。然而，人们发现，随着科学技术的飞速发展，特别是信息时代的到来，我们与世界各地人民的联系越来越近，相反，与自己对门而居的邻里关系似乎越来越远了。现实生活中特别是在城市，住在同一小区、同一幢楼，相互之间不了解、不熟悉的人并不少，因此，我们要加强邻里团结，建立良好的邻里关系。

知识链接

家庭美德属于家庭道德范畴，是指每个公民在家庭生活中应该遵循的基本行为准则。它涵盖了夫妻、长幼、邻里之间的关系。家庭美德包括关于家庭的道德观念、道德规范和道德品质。家庭美德的规范是调节家庭成员之间，即调节夫妻、父母同子女、兄弟姐妹、长辈与晚辈、邻里之间，调节家庭与国家、社会、集体之间的行为准则，它也是评价人们在恋爱、婚姻、家庭、邻里之间交往中的行为是非、善恶的标准。家庭美德的规范是家庭美德的核心和主干。家庭美德还包括在家庭生活中，在道德意识支配指导下，按照家庭美德规范行动，逐渐形成的道德品质和美德。

114. 加强公民道德修养的意义是什么？

翻开历史的画卷，道德品行修养，古往今来都被人们看作是立身之本、治国之要。在中国，先秦时期就十分重视道德修养，他们把个人的道德修养，同齐家、治国、平天下结合起来，认为“物有本末、事有终始”，一切都要从修养个人的道德品行做起，只有修身才能齐家，然后才能达到治国平天下的目的。宋明时期的理学家们也提出要“居敬穷理”和“省察克治”。明清之际的思想家颜元等人则强调“习行”，主张在习行中迁善改过，提高人的道德品质。在中国革命过程中，许多无产阶级革命家，都十分重视道德品质的修养。在21世纪初，我国颁布了《公民道德建设实施纲要》。强调要加强公民道德建设，实行依法治国与以德治国相结合。

在西方，古希腊的赫拉克利特，强调“教养是有教养人的第二个太阳”。亚里士多德更是把教育和修养看作是人们能否具有美德的重要条件。马克思主义伦理学认为，道德修养对于纯洁人们的道德意识、培养道德品质、形成道德行为，进而达到理想的道德境界，具有重要意义。它指出，只有在改造客观世界的斗争中，人们的道德品质才能真正得到改造。

因此，于发展大局而言，很大程度上，全体社会成员的道德品行修养素质，关乎一个社会是否文明进步，关乎一个国家能否长治久安。于公民个体而言，道德品行修养就是一个人的“第二身份证”，相对外表而言，个人的道德品行修养才是真正的形象。这正如“四书”之首《大学》所倡导的“富润屋，德润身，心广体胖，故君子必诚其意”。也正如意大利诗人彼德拉克所强调的“不朽之名誉，独存于德”。的确，相对于任何其他东西来说，个人的道德品行才是第一位的。财富虽然可以让人的物质需求得到丰富、得到满足，但唯有道德品行才是真正充实自身的精神食粮，个人的道德品行修养才是至高无上的。

知识链接

我国在过去的道德建设实践中，“社会公德、职业道德和家庭美德”提得较多，“个人品德”提得较少。其实，社会公德、职业道德、家庭美德这三种道德固然重要，但其建设更应以个人品德建设为基础。个人品德是社会公德、职业道德、家庭美德的重要前提，没有良好的个人品德修养，就谈不上公德心、责任感和荣辱观。现提出加强“个人品德”建设，顺应了我国道德建设的发展实际，体现了与时俱进的理论特征，也是对社会主义道德建设提出的明确要求。

115. 依法治国的重大意义是什么？

依法治国的重大意义具体有以下几个方面：

(1)依法治国是中国共产党执政方式的重大转变，有利于加强和改善党的领导。

(2)依法治国是发展社会主义民主、实现人民当家作主的根本保证。

(3)依法治国是发展社会主义市场经济和扩大对外开放的客观需要。

(4)依法治国是社会文明进步的显著标志，是国家长治久安的重要保障。

(5)依法治国是民主政治的必然要求，也是现代政治文明的基本标志。

(6)依法治国是建设中国特色社会主义文化的重要条件。

知识链接

依法治国就是依照体现人民意志和社会发展规律的法律治理国家，而不是依照个人的意志和主张治理国家；要求国家的政治、经济运作、社会各方面的活动通通依照法律进行，而不受任何个人意志的干预、阻碍或破坏。

简而言之，依法治国就是依照宪法和法律来治理国家，是中国共产党领导人民治理国家的基本方略，是发展社会主义市场经济的客观需要，也是社会文明进步的显著标志，还是国家长治久安的必要保障。依法治国，建设社会主义法治国家，是人民当家作主的根本保证。

116. 中国特色社会主义法律体系的构成是什么？

中国的法律体系大体由在宪法统领下的宪法相关法、民法商法、行政法、经济法、社会法、刑法、诉讼与非诉讼程序法等七个部分构成，包括法律、行政法规、地方性法规三个层次。

（1）宪法及宪法相关法

宪法是国家的根本大法。宪法相关法是与宪法配套、直接保障宪法实施的宪法性法律规范的总和，包括《全国人民代表大会组织法》《民族区域自治法》《香港特别行政区基本法》《澳门特别行政区基本法》《立法法》《全国人民代表大会和地方各级人民代表大会选举法》《全国人民代表大会和地方各级人民代表大会代表法》《国旗法》《国徽法》等。

（2）民法商法

2020 年 5 月 28 日，经第十三届全国人民代表大会第三次会议表决通过，国家主席习近平签署第四十五号主席令，《中华人民共和国民法典》自 2021 年 1 月 1 日起正式施行，自施行之日起婚姻法、继承法、民法通则、收养法、担保法、合同法、物权法、侵权责任法、民法总则同时废止。《中华人民共和国民法典》被称为“社会生活的百科全书”，是新中国第一部以法典命名的法律，在法律体系中居于基础性地位，也是市场经济的基本法。《中华人民共和国民法典》共 7 编、1260 条，各编依次为总则、物权、合同、人格权、婚姻家庭、继承、侵权责任，以及附则。目前我国商法主要有《公司法》《保险法》《票据法》《证券法》等。

（3）行政法

一般行政法是指有关行政主体、行政行为、行政程序、行政责任等一般规定的法律法规，如《公务员法》《行政处罚法》《行政复议法》。特别行政法是指适用于各专门行政职能部门管理活动的法律法规，包括国防、外交、人事、民政、公安、国家安全、民族、宗教、侨务、教育、科学技术、文化、体育、医药卫生、城市建设、环境保护等行政管理方面的法律法规。

(4)经济法

创造平等竞争环境、维护市场秩序方面的法律，我国现已制定《反不正当竞争法》《消费者权益保护法》《产品质量法》《广告法》等。国家宏观调控和经济管理方面的法律，我国现已制定《预算法》《审计法》《会计法》《中国人民银行法》《价格法》《税收征收管理法》《个人所得税法》《城市房地产管理法》《土地管理法》等。

(5)社会法

包括《劳动法》《劳动合同法》《工会法》《未成年人保护法》《老年人权益保障法》《妇女权益保障法》《残疾人保障法》《矿山安全法》《红十字会法》《公益事业捐赠法》等。

(6)刑法

包括 1997 年 3 月 14 日修订后的《刑法》和此后的刑法修正案以及全国人民代表大会常务委员会制定的有关惩治犯罪的决定等。

(7)诉讼与非诉讼程序法

主要有《刑事诉讼法》《民事诉讼法》《行政诉讼法》《海事诉讼特别程序法》《仲裁法》等。

知识链接

2011 年 3 月 10 日，全国人民代表大会常务委员会委员长吴邦国同志向十一届全国人民代表大会四次会议作全国人大常委会工作报告时庄严宣布，一个立足中国国情和实际、适应改革开放和社会主义现代化建设需要、集中体现党和人民意志的，以宪法为统帅，以宪法相关法、民商法、行政法、经济法等多个法律部门的法律为主干，由法律、行政法规、地方性法规与自治条例、单行条例等三个层次的法律规范构成的中国特色社会主义法律体系已经形成。这表明中国已在根本上实现从无法可依到有法可依的历史性转变，各项事业发展步入法制化轨道，中国坚定不移实施“依法治国”基本方略，建设社会主义法治国家。

中国特色社会主义法律体系是中国特色社会主义永葆本色的法制根基，是中国特色社会主义创新实践的法制体现，是中国特色社会主义兴旺发达的保障。

117. 中国特色社会主义法律体系的基本特征是什么？

（1）体现了中国特色社会主义的本质要求

一国法律体系的性质由一个国家社会制度的性质所决定。我国是工人阶级领导的、以工农联盟为基础的人民民主专政的社会主义国家。在社会主义初级阶段，我国实行公有制为主体、多种所有制经济共同发展的基本经济制度。这就决定了我们构建的必然是中国特色社会主义性质的法律体系。它包括的全部法律规范，它确立的各项法律制度，必须有利于巩固和发展社会主义制度，以体现人民共同意志、维护人民根本利益、保障人民当家作主为本质要求。这是以公有制为基础的中国特色社会主义法律体系与以私有制为基础的资本主义法律体系的本质区别。

（2）体现了改革开放和社会主义现代化建设的时代要求

新时期最鲜明的特点是改革开放。改革开放作为当代中国的伟大社会实践，为法律体系的建立和完善提供了波澜壮阔的舞台。中国特色社会主义法律体系与改革开放和现代化建设相伴而生、相互促进，具有鲜明的时代特征。一方面，改革开放和现代化建设为法律体系构建提供内在需求和动力，提供实践基础和经验。改革开放和现代化建设越向前推进，经济社会的发展变化越深刻，对健全和完善法律制度的要求就越迫切，法律体系构建所依赖的基础也就越扎实。另一方面，法律体系的构建为改革开放和现代化建设提供法制环境，积极发挥促进、规范、指引和保障作用，注意妥善处理法律稳定性和改革变动性的关系，在及时肯定已有成功做法、巩固已有改革开放成果的同时，为进一步改革开放留下空间。

(3)体现了结构内在统一而又多层次的科学要求

中华人民共和国成立后，建立了统一的、多民族的、单一制的社会主义国家。由于历史的原因，我国各地经济社会发展很不平衡。与此相适应，在最高国家权力机关集中行使立法权的前提下，为了使我们的法律既能通行全国，又能适应各地方千差万别不同情况的需要，以便在实践中能行得通，遵循在中央统一领导下充分发挥地方主动性、积极性的宪法原则，我国逐步确立了统一而又分层次的立法体制。实践证明，这一立法体制符合我国国情，是行之有效的。

(4)体现了继承中国法制文化优秀传统和借鉴人类法制文明成果的文化要求

中国特色社会主义法律体系的构建，始终立足于基本国情，从实际出发，坚持将传承历史传统、借鉴文明成果和进行制度创新有机结合起来，做到古为今用、洋为中用、兼容并蓄，充分体现这个法律体系在文化上的先进性、包容性和广泛性。一方面，继承中华法制文化中的优秀成分，适应改革开放和现代化建设需要进行制度创新。另一方面，充分吸收人类法律文明的成果，借鉴国外的有益经验，但又不是简单地照搬照抄，而是根据中国国情和实际，吸收有益之处，为我所用。实践证明，只有既继承发扬我国优秀的法律文化传统，又借鉴吸收人类法律文明成果，才能走出一条符合我国国情、顺应时代潮流的中国特色社会主义法治道路。

(5)体现了动态、开放、与时俱进的发展要求

经过几十年的努力，目前国家经济、政治、文化、社会生活的各个方面总体上做到了有法可依。但是，必须看到，社会实践是法律的基础，法律是实践经验的总结，并随着社会实践的发展而不断发展。实践没有止境，法律体系也要与时俱进、不断创新，它必然是动态的、开放的、发展的，而不是静止的、封闭的、固定的。我国正处于并将长期处于社会主义初级阶段，整个国家还处于体制改革和社会转型时期，社会主义制度还需要不断自我完善和发展，社会主义市场经济体制也还有个完善过程，因而反映并规范这种制度和体制的中国特色社会主义法律体系，就必然具有稳定性与变动性、阶段性与前瞻性相统一的特点，必将适应我国经济社会发展和法治建设进程的现实需要而不断发展完善。

知识链接

中国特色社会主义法律体系，是中国特色社会主义伟大事业的重要组成部分，反映了我国改革开放和社会主义现代化建设的历史进程，为改革开放和社会主义现代化建设提供了法制保障，是全面实施依法治国基本方略、建设社会主义法治国家的基础，是新中国成立以来特别是改革开放以来经济社会发展实践经验制度化、法律化的集中体现，具有鲜明的特征。

118. 中国特色社会主义法律体系的作用是什么?

(1)中国特色社会主义法律体系是中国特色社会主义永葆本色的法制根基。把马克思主义基本原理同中国具体实际相结合,走自己的路,建设中国特色社会主义,是我们党总结历史经验得出的基本结论,也是我们国家发展进步的唯一正确道路。坚持中国特色社会主义道路,最重要的是坚持正确的政治方向,在涉及国家根本制度等重大原则问题上不动摇。中国特色社会主义法律体系,是以宪法和法律的形式,确立了国家的根本制度和根本任务,确立了中国共产党的领导地位,确立了工人阶级领导的、以工农联盟为基础的人民民主专政的国体,确立了人民代表大会制度的政体,确立了国家一切权力属于人民、公民依法享有广泛的权利和自由,确立了中国共产党领导的多党合作和政治协商制度、民族区域自治制度以及基层群众自治制度,确立了公有制为主体、多种所有制经济共同发展的基本经济制度和按劳分配为主体、多种分配方式并存的分配制度。

(2)中国特色社会主义法律体系是中国特色社会主义创新实践的法制体现。改革开放是我们党带领全国各族人民作出的决定当代中国命运的关键抉择,也是坚持和发展中国特色社会主义、实现中华民族伟大复兴的必由之路,赋予社会主义新的生机活力。几十年来,我们始终坚持以经济建设为中心,全面推进改革开放,成功实现了从高度集中的计划经济体制到充满活力的社会主义市场经济体制、从封闭半封闭到全方位开放的伟大历史转折,极大地调动了亿万人民的积极性,极大地解放和发展了社会生产力,我国以世界上少有的速度持续快速向前发展。我们及时把改革开放和社会主义现代化建设的实践经验上升为法律，并与时俱进，根据改革开放中出现的新情况新问题，从推动经济发展方式转变，推动依法行政和公正司法，推动以保障和改善民生为重点的社会建设，推动社会主义文化大发展大繁荣，推动人与自然和谐相处等方面制定和完善相应的法律制度，充分发挥法律的规范、引导、保障和促进作用。中国特色社会主义法律体系的形成，从制度上、法律上保障国家始终坚持改革开放的正确方向，着力构建充满活力、富有效率、更加开放、有利于科学发展的体制机制，推动我国社会主义制度不断自我完善和发展。

(3)中国特色社会主义法律体系是中国特色社会主义兴旺发达的法制保障。中国特色社会主义法律体系的形成，把国家各项事业发展纳入法制化轨道，从制度上、法律上解决了国家发展中带有根本性、全局性、稳定性和长期性的问题，为社会主义市场经济体制的不断完善、社会主义民主政治的深入发展、社会主义先进文化的日益繁荣、社会主义和谐社会的积极构建，确定了明确的价值取向、发展方向和根本路径，为建设富强民主文明和谐的社会主义现代化国家、实现中华民族伟大复兴奠定了坚实的法制基础。

形成中国特色社会主义法律体系，是各方面长期共同努力的结果。全国人大及其常委会认真履行职责，不断加强和改进立法工作，着力提高立法质量，为形成中国特色社会主义法律体系做了大量卓有成效的工作。国务院适应经济社会发展和法律实施的需要，依法及时制定行政法规，地方人大及其常委会结合本地实际，依法制定大量地方性法规，为形成中国特色社会主义法律体系作出了重要贡献。地方各级人民政府，各级人民法院和人民检察院以及军队等有关方面，广大人民群众和专家学者大力支持和积极参与立法工作，为形成中国特色社会主义法律体系贡献了智慧和力量。

知识链接

改革开放以来，在党中央的领导下，我们成功走出了一条中国特色的立法路子。我们坚持党的领导、人民当家作主、依法治国有机统一，紧紧围绕党和国家工作大局，有计划、有重点、有步骤地开展立法工作，仅仅用几十年时间就形成了中国特色社会主义法律体系，立法任务之重世所罕见，克服困难之多前所未有，成绩来之不易，经验弥足珍贵。

119. 宪法的作用是什么？

宪法是国家的根本大法，通常规定一个国家的社会制度和国家制度的基本原则、国家机关的组织和活动的基本原则，公民的基本权利和义务等重要内容，有的还规定国旗、国歌、国徽和首都以及其他重要的制度，涉及国家生活的各个方面。宪法具有最高法律效力，是制定其他法律的依据，一切法律、法规都不得同宪法相抵触。

宪法的作用有以下几点：

(1)宪法保障了我国的改革开放和社会主义现代化建设。

(2)宪法促进了我国的社会主义民主建设。

(3)宪法推动了我国的社会主义法制建设。

(4)宪法促进了我国人权事业和各项社会事业的发展。

知识链接

宪法调整国家最重要的社会关系，维护社会稳定和国家长治久安。在国家的各种社会关系中，最重要的关系是由宪法来规范和调整的。从这个意义上说，宪法是社会稳定的调解器和安全阀，对于解决各种重大社会矛盾和冲突，保持社会稳定，维护国家长治久安，具有十分重要的意义。

120. 我国现行宪法的基本原则是什么？

我国宪法的基本原则为党的领导原则、人民主权原则、人权保障原则、社会主义法治原则和民主集中制原则。

我国宪法坚持中国特色社会主义这一基本宪法精神，以国家根本法的形式确立了社会主义根本制度，确认了中国共产党领导的宪法地位，确立了人民民主专政的国体和人民代表大会制度的政体，确立了中国特色社会主义发展成果，确定了国家的根本任务、领导核心、指导思想、发展道路、奋斗目标，是党的主张和人民意志相统一的宪法表达。

知识链接

习近平总书记指出，全面贯彻实施宪法，是建设社会主义法治国家的首要任务和基础性工作。宪法是国家的根本法，是治国安邦的总章程，具有最高的法律地位、法律权威、法律效力，具有根本性、全局性、稳定性、长期性。任何组织或者个人，都不得有超越宪法和法律的特权。一切违反宪法和法律的行为，都必须予以追究。

121. 我国公民有哪些基本权利？

(1)平等权

平等权是指公民平等地享有权利，不受任何差别对待，要求国家给予同等保护的权利。它是我国宪法赋予公民的一项基本权利，是公民实现其他权利的前提与基础。我国《宪法》规定："中华人民共和国公民在法律面前一律平等。"

(2)政治权利和自由

政治权利和自由是指公民作为国家政治生活主体依法享有的参加国家政治生活的权利和自由，是国家为公民直接参与政治活动提供的基本保障。具体包括两个方面：一是选举权和被选举权。我国《宪法》规定："中华人民共和国年满十八周岁的公民，不分民族、种族、性别、职业、家庭出身、宗教信仰、教育程度、财产状况、居住期限，都有选举权和被选举权；但是依照法律被剥夺政治权利的人除外。"二是政治自由。政治自由主要是指公民表达自己政治意愿的自由。我国《宪法》规定："中华人民共和国公民有言论、出版、集会、结社、游行、示威的自由。"

(3)宗教信仰自由

我国《宪法》规定："中华人民共和国公民有宗教信仰自由。"其含义包括：公民有信教或者不信教的自由，有信仰这种宗教或者那种宗教的自由，有信仰同一宗教中的这个教派或那个教派的自由，有过去信教现在不信教或者过去不信教而现在信教的自由。《宪法》还规定："任何国家机关、社会团体和个人不得强制公民信仰宗教或者不信仰宗教，不得歧视信仰宗教的公民和不信仰宗教的公民。""国家保护正常的宗教活动。任何人不得利用宗教进行破坏社会秩序、损害公民身体健康、妨碍国家教育制度的活动。”依照宪法精神和相关法律规定，任何人都不得打着宗教信仰自由的旗号组织或参加邪教组织。

(4)人身自由权

人身自由包括狭义和广义两方面。狭义的人身自由主要指公民的身体不受非法侵犯，广义的人身自由则还包括与狭义人身自由相关联的人格尊严、住宅不受侵犯、通信自由和通信秘密受法律保护等与公民个人生活有关的权利和自由。人身自由是公民具体参加各种社会活动和实际享受其他权利的前提，也是保持和发展公民个性的必要条件。

(5)监督权和取得国家赔偿权

我国《宪法》规定，中华人民共和国公民对于任何国家机关和国家工作人员，有提出批评和建议的权利；对于任何国家机关和国家工作人员的违法失职行为，有向有关国家机关提出申诉、控告或者检举的权利，但是不得捏造或者歪曲事实进行诬告陷害。由于国家机关和国家工作人员侵犯公民权利而受到损失的人，有依照法律规定取得赔偿的权利。我国《国家赔偿法》对公民获得国家赔偿作出了具体规定。

(6)社会经济权

社会经济权是指公民享有的经济生活和物质利益方面的权利，是公民实现其他权利的物质基础。主要包括：

一是财产权，是指公民对其合法财产享有的不受非法侵犯的权利。公民的合法的私有财产不受侵犯。国家依照法律规定保护公民的私有财产权和继承权。

二是劳动权，是指有劳动能力的公民有从事劳动并取得相应报酬的权利。同时，劳动是一切有劳动能力的公民的光荣职责。我国《宪法》规定，中华人民共和国公民有劳动的权利和义务。

三是休息权，是指劳动者为保护身体健康和提高劳动效率，根据国家有关法律与制度而享有的休息和休养的权利。我国《宪法》规定，中华人民共和国劳动者有休息的权利。

四是物质帮助权，是公民因特定原因不能通过其他正当途径获得必要的物质生活手段时，从国家和社会获得生活保障、享受社会福利的一种权利。我国《宪法》规定，中华人民共和国公民在年老、疾病或者丧失劳动能力的情况下，有从国家和社会获得物质帮助的权利。国家建立健全同经济发展水平相适应的社会保障制度。

(7)文化教育权

公民的文化教育权包括受教育权以及进行科学研究、文学艺术创作和其他文化活动的自由。我国《宪法》规定："中华人民共和国公民有受教育的权利和义务。"公民的知识水平是国家科学技术和文化发展的基础，公民接受教育是物质文明和精神文明建设的前提条件。受教育既是权利也是义务。我国《宪法》还规定，公民有进行科学研究、文学艺术创作和其他文化活动的自由。

(8)特定主体权利

我国宪法除对公民所应普遍享有的权利和自由作出明确规定外，还对特定主体设置专条，给予特定保护。宪法中的这些特定主体具体是指妇女、离退休人员、军烈属、母亲、儿童、老人、青少年、华侨等。

知识链接

中国公民的基本权利具有广泛性、真实性和权利与义务一致性、平等性的特点。中国公民，不论是工人、农民、知识分子、其他劳动者、拥护社会主义的爱国者和拥护祖国统一的爱国者，都平等地享有《宪法》赋予公民的基本权利。只是为了保卫国家安全，维护社会秩序，保障社会主义制度和公民的基本权利，才依法剥夺为数极少的反革命分子和其他严重刑事犯罪分子的政治权利。公民在社会主义制度和法律面前一律平等是社会主义法制的一条基本原则，任何组织或者个人都不得有超越宪法和法律的特权，也不受歧视。

《宪法》规定中国国内各民族一律平等。国家保障各少数民族的合法的权利和利益，维护和发展各民族的平等、团结、互助关系。禁止对任何民族的歧视和压迫，禁止破坏各民族团结和制造民族分裂的行为。《宪法》规定，妇女在政治的、经济的、文化的、社会的和家庭的生活等各方面享有同男子平等的权利。国家保护妇女的权利和利益，实行男女同工同酬，培养和选拔妇女干部。婚姻、家庭、母亲和儿童受国家的保护。《宪法》规定，国家保护华侨的正当的权利和利益，保护归侨和侨眷的合法的权利和利益。

122. 我国公民有哪些基本义务？

(1)中华人民共和国公民有维护国家统一和全国各民族团结的义务。

(2)中华人民共和国公民必须遵守宪法和法律，保守国家秘密，爱护公共财产，遵守劳动纪律，遵守公共秩序，尊重社会公德。

(3)中华人民共和国公民有维护祖国的安全、荣誉和利益的义务，不得有危害祖国的安全、荣誉和利益的行为。

(4)保卫祖国、抵抗侵略是中华人民共和国每一个公民的神圣职责。依照法律服兵役和参加民兵组织是中华人民共和国公民的光荣义务。

(5)中华人民共和国公民有依照法律纳税的义务。

(6)参加劳动和接受教育,劳动和受教育既是公民享有的权利,也是公民应尽的义务。

(7)夫妻双方有实行计划生育的义务。父母有抚养教育未成年子女的义务,成年子女有赡养扶助父母的义务。

知识链接

在中国,公民的权利和义务是一致的。《宪法》规定,任何公民享有宪法和法律规定的权利,同时必须履行宪法和法律规定的义务。公民在行使自由和权利的时候,不得损害国家的、社会的、集体的利益和其他公民的合法的自由和权利。以上这些规定,体现了整体利益和局部利益,暂时利益和长远利益,国家利益、集体利益和个人利益的一致,体现了民主与集中,自由与纪律的统一。

123.《中华人民共和国民法典》的主要内容是什么?

《中华人民共和国民法典》被称为"社会生活的百科全书",是新中国第一部以法典命名的法律,在法律体系中居于基础性地位,也是市场经济的基本法。

《中华人民共和国民法典》共 7 编、1260 条,各编依次为总则、物权、合同、人格权、婚姻家庭、继承、侵权责任,以及附则。通篇贯穿以人民为中心的发展思想,着眼满足人民对美好生活的需要,对公民的人身权、财产权、人格权等作出明确翔实的规定,并规定侵权责任,明确权利受到削弱、减损、侵害时的请求权和救济权等,体现了对人民权利的充分保障,被誉为"新时代人民权利的宣言书"。

知识链接

民法典的核心要义有：

(1)权利保护

①深刻理解人格权独立成编的重要意义。②准确适用权利保护规则。如设定新增居住权的规定，有助于实现"住有所居""老有所居"。

(2)社会主义核心价值观

①保护英雄烈士人格权益。如人民法院依法审理"狼牙山五壮士"名誉权系列案件，坚决维护英雄形象。②维护和谐稳定的家庭关系。如设定婚姻冷静期、继承宽恕、胎儿利益保护。③强化规则意识和诚信精神。如明确规定"紧急救助"的责任豁免；规定文体活动中要"自甘风险"。

(3)平等保护

①民事主体的平等性。②坚持平等保护产权。③实现实质意义上的平等。如设定的更加注重对妇女儿童、老年人、残疾人和消费者权益的保护。

(4)意思自治

①充分尊重当事人意思自治。②新增典型合同，完善交易规则。③明确物权法律制度，促进物尽其用。

(5)绿色原则

①明确规定环境污染和生态破坏责任。②物权规则的基本遵循——节约资源、保护生态。③将"绿色原则"融入合同规范。

(6)科技发展

①强化个人信息和隐私权保护。②加强数据和虚拟财产保护。③规范人体基因、人体胚胎医学科研活动。④预留知识产权保护空间。

124. 颁布《中华人民共和国民法典》有什么重要意义?

《中华人民共和国民法典》(以下简称《民法典》)在中国特色社会主义法律体系中具有重要地位,是一部固根本、稳预期、利长远的基础性法律,对推进全面依法治国、加快建设社会主义法治国家,对发展社会主义市场经济、巩固社会主义基本经济制度,对坚持以人民为中心的发展思想、依法维护人民权益、推动我国人权事业发展,对推进国家治理体系和治理能力现代化,都具有重大意义。

我国是以工人阶级为领导的,以工农联盟为基础的人民民主专政的社会主义国家,为民服务是我们的宗旨和目标,我们国家所制定的一切法律和制度都是紧紧围绕这个宗旨,所以颁布实施《民法典》的重大意义也是为民服务,目的就在于更好的服务人民,提高人民的幸福感和满意度。

一方面,颁布实施《民法典》,以法的形式来规范公民的行为,可能是对一部分人的制约和束缚,并不是能完全满足所有公民的利益需求,但是我们维护的是绝大多数人民的共同利益,是从国家这个大局出发,以整体的利益为主,必要时牺牲少部分人的利益,这也并不违背我们为民服务的宗旨和目的,而是为了更好的服务绝大多数人民,维护整个国家的繁荣和长久。

另一方面,颁布《民法典》对于提高人民的普法意识意义重大。《民法典》要实施好,就必须让《民法典》走到群众身边、走进群众心里。要广泛开展《民法典》普法工作,将其作为"十四五"时期普法工作的重点来抓,引导群众认识到《民法典》既是保护自身权益的法典,也是全体社会成员都必须遵循的规范,养成自觉守法的意识,形成遇事找法的习惯,培养解决问题靠法的意识和能力。要把《民法典》纳入国民教育体系，让每个公民都尊法守法，我们的《民法典》才能发挥其应有的作用和意义，才能真正实现为民服务的宗旨，才能真正提高人民的幸福感和自豪感，才能让我们的国家更加繁荣昌盛。

知识链接

《民法典》的时代意义：一是中国特色社会主义制度建设、法治建设的重大标志性成果。二是推进全面依法治国、推进国家治理体系和治理能力现代化的重要法律制度。三是坚持和完善社会主义基本经济制度、推动经济高质量发展的坚强法律保障。四是坚持以人民为中心的发展思想、实现人民对美好生活向往的重大立法举措。五是加快推进人民法院审判体系和审判能力现代化的重要制度支撑。

125. 什么是“八五普法”？

“八五普法”是《中央宣传部、司法部关于开展法治宣传教育的第八个五年规划（2021—2025 年）》的简称。全民普法是全面依法治国的长期基础性工作。在习近平新时代中国特色社会主义思想特别是习近平法治思想的科学指引下，在党中央、国务院正确领导下，全国第七个五年法治宣传教育规划（2016—2020 年）顺利实施完成，取得重要成果。以宪法为核心的中国特色社会主义法律体系学习宣传深入开展，“谁执法谁普法”等普法责任制广泛实行，法治文化蓬勃发展，全社会法治观念明显增强，社会治理法治化水平明显提高。

我国开启全面建设社会主义现代化国家新征程，进入新发展阶段，迫切要求进一步提升公民法治素养，推动全社会尊法学法守法用法。为深入学习宣传贯彻习近平法治思想，做好第八个五年法治宣传教育工作，进一步加大全民普法力度，制定本规划。

知识链接

要以习近平法治思想引领全民普法工作。习近平法治思想是顺应实现中华民族伟大复兴时代要求应运而生的重大理论创新成果，是马克思主义法治理论中国化最新成果，是习近平新时代中国特色社会主义思想的重要组成部分，是全面依法治国的根本遵循和行动指南。必须用习近平法治思想武装头脑、指导实践，推动普法工作守正创新、提质增效、全面发展。

126.“八五普法”的主要目标和工作原则是什么？

(1)“八五普法”的主要目标

到2025年，公民法治素养和社会治理法治化水平显著提升，全民普法工作体系更加健全。公民对法律法规的知晓度、法治精神的认同度、法治实践的参与度显著提高，全社会尊法学法守法用法的自觉性和主动性显著增强。多层次多领域依法治理深入推进，全社会办事依法、遇事找法、解决问题用法、化解矛盾靠法的法治环境显著改善。全民普法制度完备、实施精准、评价科学、责任落实的工作体系基本形成。

(2)“八五普法”的工作原则

坚持党的全面领导。把党的领导贯彻到全民普法全过程各方面，始终坚持正确政治方向。

坚持以人民为中心。树立以人民为中心的普法理念和工作导向，做到普法为了人民、依靠人民、服务人民，依法保障人民权益，促进人民高品质生活，夯实全面依法治国的社会基础。

坚持服务大局。紧紧围绕党和国家中心工作，有针对性地组织开展普法，促进依法维护社会公平正义，促进在法治轨道上推进国家治理体系和治理能力现代化。

坚持与法治实践深度融合。坚持全民普法与科学立法、严格执法、公正司法一体推进，坚持依法治国与以德治国相结合，弘扬社会主义核心价值观，把普法融入法治实践、融入基层治理、融入日常生活，融入全面依法治国全过程。

知识链接

"八五普法"要坚持以马克思列宁主义、毛泽东思想、邓小平理论、"三个代表"重要思想、科学发展观、习近平新时代中国特色社会主义思想为指导，全面贯彻党的十九大和十九届二中、三中、四中、五中全会精神，深入贯彻习近平法治思想，增强"四个意识"、坚定"四个自信"、做到"两个维护"，坚定不移走中国特色社会主义法治道路，紧紧围绕服务"十四五"时期经济社会发展，以使法治成为社会共识和基本准则为目标，以持续提升公民法治素养为重点，以提高普法针对性和实效性为工作着力点，完善和落实"谁执法谁普法"等普法责任制，促进提高社会文明程度，为全面建设社会主义现代化国家营造良好法治环境。

127.“八五普法”的重点内容是什么？

(1)突出学习宣传习近平法治思想

深入学习宣传习近平法治思想的重大意义、丰富内涵、精神实质和实践要求，引导全社会坚定不移走中国特色社会主义法治道路。把习近平法治思想作为党委(党组)理论学习中心组学习重点内容，列入党校(行政学院)和干部学院重点课程，推动领导干部带头学习、模范践行。把习近平法治思想融入学校教育，纳入高校法治理论教学体系，做好进教材、进课堂、进头脑工作。通过多种形式，运用各类媒体和平台，发挥好各类基层普法阵地作用，推动习近平法治思想入脑入心、走深走实。

(2)突出宣传《宪法》

在全社会深入持久开展宪法宣传教育活动，阐释好“中国之治”的制度基础，阐释好新时代依宪治国、依宪执政的内涵和意义，阐释好《宪法》精神。加强《国旗法》《国歌法》等宪法相关法的学习宣传，强化国家认同。全面落实宪法宣誓制度。加强宪法实施案例宣传。结合“12·4”国家宪法日，开展“宪法宣传周”集中宣传活动。加强宪法理论研究，推动宪法类教材和图书的编写、修订、出版。在新市民仪式、青少年成人仪式、学生毕业仪式等活动中设置礼敬宪法环节，大力弘扬宪法精神。在“五四宪法”历史资料陈列馆基础上建设国家宪法宣传教育馆。

(3)突出宣传《民法典》

广泛开展《民法典》普法工作，阐释好《民法典》中国特色社会主义的特质，阐释好《民法典》关于民事活动平等、自愿、公平、诚信等基本原则，阐释好《民法典》关于坚持主体平等、保护财产权利、便利交易流转、维护人格尊严、促进家庭和谐、追究侵权责任等基本要求，阐释好《民法典》一系列新规定新概念新精神。推动各级党和国家机关带头学习宣传《民法典》，推动领导干部做学习、遵守、维护《民法典》的表率，提高运用《民法典》维护人民权益、化解矛盾纠纷、促进社会和谐稳定的能力和水平。把《民法典》纳入国民教育体系，加强对青少年《民法典》教育。以“美好生活·《民法典》相伴”为主题，组织开展《民法典》主题宣传，让《民法典》走到群众身边、走进群众心里。

(4)深入宣传与推动高质量发展密切相关的法律法规

继续把宣传中国特色社会主义法律体系作为基本任务，大力宣传国家基本法律，强化“十四五”期间制定和修改的法律法规宣传教育。适应立足新发展阶段、贯彻新发展理念、构建新发展格局需要，大力宣传有关平等保护、公平竞争、激发市场主体活力、防范风险的法律法规，推动建设市场化法治化国际化营商环境。适应实施创新驱动发展战略需要，大力宣传知识产权保护、科技成果转化等方面法律法规，促进科技强国建设。适应统筹推进国内法治和涉外法治需要，大力宣传我国涉外法律法规，促进依法维护国家主权、安全、发展利益。围绕国家发展战略和区域重大战略，组织开展专项法治宣传教育，加强区域性普法与依法治理合作。

(5)深入宣传与社会治理现代化密切相关的法律法规

适应统筹发展和安全的需要，大力宣传总体国家安全观和国家安全法、反分裂国家法、国防法、反恐怖主义法、生物安全法、网络安全法等，组织开展“4·15”全民国家安全教育日普法宣传活动，推动全社会增强国家安全意识和风险防控能力。适应更高水平的平安中国建设需要，继续加强刑法、刑事诉讼法、治安管理处罚法等宣传教育，促进依法惩治和预防犯罪。围绕生态文明建设、食品药品安全、扫黑除恶、毒品预防、社区管理服务、构建和谐劳动关系、防治家庭暴力、个人信息保护等人民群众关心关注的问题，开展经常性法治宣传教育，依法保障社会稳定和人民安宁。

(6)深入宣传党内法规

以党章、准则、条例等为重点，深入学习宣传党内法规，注重党内法规宣传同国家法律宣传的衔接协调。突出学习宣传党章，教育广大党员以党章为根本遵循，尊崇党章、遵守党章、贯彻党章、维护党章。把学习掌握党内法规作为合格党员的基本要求，列入党组织“三会一课”内容，在考核党员、干部时注意了解相关情况，促进党内法规学习宣传常态化、制度化。

知识链接

在“八五普法”的过程中，我们要加强红色法治文化保护、宣传、传承，为此要做到以下几点：

(1)重发掘、总结党在革命时期领导人民进行法治建设的光荣历史和成功实践。

(2)探索建立红色法治文化遗存目录。

(3)组织开展红色法治文化研究阐发、展示利用、宣传普及、传播交流等活动。

(4)建设一批以红色法治文化为主题的法治宣传教育基地。

(5)讲好红色法治故事，传承红色法治基因。

128.“八五普法”有哪些新举措？

(1)加强国家工作人员法治教育

①落实国家工作人员学法用法制度；②重点抓好“关键少数”，提高各级领导干部运用法治思维和法治方式深化改革、推动发展、化解矛盾、维护稳定、应对风险能力；③建立领导干部应知应会法律法规清单制度；④把法治素养和依法履职情况纳入考核评价干部的重要内容。

(2)加强青少年法治教育

①全面落实《青少年法治教育大纲》；②充实完善法治教育教材内容，增加法治知识在中考、高考中的内容占比；③推进教师网络法治教育培训，5 年内对道德与法治课教师进行 1 次轮训；④探索设立“法学＋教育学”双学士学位人才培养等项目，加强法治教育师资培养；⑤持续举办全国学生“学宪法讲宪法”、国家宪法日“宪法晨读”、全国青少年网上学法用法等活动；⑥推进青少年法治教育实践基地建设，推广法治实践教学和案例教学；⑦深入开展未成年人保护法、预防未成年人犯罪法等学习宣传。

(3)分层分类开展法治教育

①加强基层组织负责人学法用法工作；②加强基层行政执法人员法治培训；③加强对媒体从业人员法治教育；④根据妇女、残疾人、老年人、农民工等群体特点，开展有针对性的法治。

(4)推进法治文化阵地建设

①把法治文化阵地建设纳入城乡规划；②把法治元素融入国家文化公园建设；③利用好新时代文明实践中心(所、站)等场所，因地制宜建设

法治文化阵地；④加强边疆地区法治文化阵地建设；⑤着力提升市县法治文化阵地建设质量；⑥基本实现每个村（社区）至少有一个法治文化阵地；⑦加强全国法治宣传教育基地的命名、管理。

（5）繁荣发展社会主义法治文艺

①组织创作一批法治文化精品；②创建一批法治文化传播品牌栏目、节目和工作室；③组织开展全国法治动漫微视频征集展播活动；④建设网上法治文化产品资料库；⑤加大法治文化惠民力度；⑥开展群众性法治文化活动；⑦组织青年普法志愿者、法治文艺团体开展法治文化基层行活动。

知识链接

在“八五普法”的过程中需加强法治文化国际传播和国际交流，为此要做到：

（1）突出对外宣传中国特色社会主义法治优越性、新时代法治建设实践成果和中华优秀传统法律文化。

（2）讲好中国遵循国际法故事。

（3）注重在共建“一带一路”中发挥法治作用。

（4）编写涉外案例资料。

（5）建立涉外工作法务制度。

（6）举办法治国际论坛。

（7）加强法治文化国际传播能力建设。

（8）积极对来华、在华外国人开展法治宣传。

129. "八五普法"有哪些新要求?

(1)在立法、执法、司法过程中开展实时普法

①把普法融入立法过程。在法律法规制定、修改过程中,扩大社会参与;通过新闻发言人等机制解读法律问题;在司法解释制定过程中,加强相关普法工作;法律法规正式公布时,一般应当同步进行解读。

②把普法融入执法、司法过程。制定执法、司法办案中开展普法的工作指引,加强相关法律规范的普法宣传;在落实行政执法公示、执法全过程记录、重大执法决定法制审核制度中,加强普法宣传;在行政复议工作中,利用受理、审理、决定等各环节实时普法;充分运用公开开庭、巡回审判、庭审现场直播、生效法律文书统一上网和公开查询等生动直观的形式宣讲法律。

③把普法融入法律服务过程。法律服务工作者在为当事人提供法律服务、调处矛盾纠纷、参与涉法涉诉信访案件处理时,加强释法析理,加快公共法律服务体系建设。

④加大以案普法力度。落实以案释法制度和典型案例发布制度;健全以案普法长效机制;培育以案普法品牌;利用典型案事件进行法律解读。

(2)充分运用社会力量开展公益普法

①发挥群团组织和社会组织在普法中的作用,畅通和规范参与普法的途径。

②加强普法讲师团建设,发挥法律实务工作者、法学教师的作用。

③加强普法志愿队伍建设。

④健全社会普法教育机制。

(3)充分运用新技术新媒体开展精准普法

①创新普法内容。注重运用新技术分析各类人群不同的法治需求，提高普法产品供给的精准性和有效性；走好全媒体时代群众路线，鼓励公众创作个性化普法产品，加强对优秀自媒体制作普法作品的引导；加大音视频普法内容供给，注重短视频在普法中的运用。

②拓展普法网络平台。以互联网思维和全媒体视角深耕智慧普法；强化全国智慧普法平台功能，推动与中国庭审公开网、中国裁判文书网等网络平台的信息共享；建立全国新媒体普法集群和矩阵；建设全国统一的法律、法规、规章、行政规范性文件、司法解释和党内法规信息平台。

③创新普法方法手段。促进单向式传播向互动式、服务式、场景式传播转变；建设融“报、网、端、微、屏”于一体的全媒体法治传播体系。

知识链接

全民普法是全面依法治国的长期基础性工作。制定和实施五年普法规划是党领导全民普法的重要方式。自1986年以来，我国已连续实施完成了七个五年普法规划，取得了重要成果，全社会法治观念明显增强，社会治理法治化水平明显提高。在我们这样的大国持续开展全民普法，把法律交给人民，这是人类法治史上的一大创举，是中国特色社会主义制度优势的体现，也是中国特色社会主义法治的重要组成部分。制定和实施“八五普法”是深入学习宣传贯彻习近平法治思想，夯实全面依法治国根基的重要举措；是服务“十四五”时期经济社会发展，立足新发展阶段、贯彻新发展理念、构建新发展格局的客观需要；是满足人民群众日益增长的对法治等方面的需求，持续提升公民法治素养和社会治理法治化水平的必然要求。

130. 怎样组织实施“八五普法”？

(1)加强组织领导

各级党委和政府要更加注重系统观念、法治思维，把推进全民普法和守法摆上重要工作日程，推动更多法治力量向引导和疏导端用力，科学制定本地区本系统五年规划，认真组织实施。把普法工作纳入本地区本系统法治建设总体部署，纳入综合绩效考核、平安建设、文明创建等考核评价内容，定期听取汇报，研究解决普法工作中的难题。各级党政主要负责人要严格按照推进法治建设第一责任人职责的要求，认真履行普法领导责任，建立健全党政机关法律顾问制度。

(2)加强制度建设

健全党委领导、政府主导、人大监督、政协支持、部门各负其责、社会广泛参与、人民群众为主体的法治宣传教育领导体制和工作机制，形成大普法工作格局。全面依法治国(省、市、县)委员会守法普法协调小组和各级法治宣传教育工作领导小组要加强对本规划实施的组织领导和统筹协调。各级普法办事机构要充分发挥职能作用，组织推动、督促指导各项任务落到实处。推动制定法治宣传教育法，推动及时制定、修改地方法治宣传教育条例，为全民普法工作提供法律依据和制度支撑。

(3)全面落实普法责任制

强化“谁执法谁普法”普法责任制。完善国家机关普法责任清单制度，细化普法内容、措施标准和责任。全面推行“谁执法谁普法”责任单位年度履职报告评议制度，提高评议质量。进一步发挥落实普法责任制联席会议的作用。逐步形成清单管理、跟踪提示、督促指导、评估反馈的管理模式，压实各责任单位普法责任。推行“谁管理谁普法”“谁服务谁普法”，促进各社会团体、企事业单位以及其他组织加强本系统本行业本单位人员学法用法，加大对管理服务对象普法力度，落实普法责任。

落实媒体公益普法责任。广播电视、报纸期刊、互联网等大众传媒承担公益普法责任，积极利用国家宪法日、全民国家安全教育日、国家网络安全宣传周、消费者权益保护日、知识产权宣传周等重要时间节点，在重要版面、重要频道、重要时段设置普法专栏专题，针对社会热点和典型案件及时开展权威准确的法律解读。把法治类公益广告纳入媒体公益广告内容，促进媒体公益普法常态化、制度化。

(4)强化基层基础工作

推进重心下移。突出抓基层、强基础、固基本的工作导向，为基层开展普法和依法治理创造更好条件。加强基层建设，激发基层活力，强化政策、制度、机制保障，从人员配备数量、待遇、经费、装备等方面，切实向普法基层一线倾斜，推动各类资源向基层下沉。

加强能力建设。强化对各级普法主管部门工作人员的系统培训，5年内省级普法主管部门对县级以上普法办人员轮训1次。加大对基层司法所开展普法工作的指导和支持力度，提升司法所普法工作水平，将具有法律职业资格的人员充实到普法工作一线。

加强理论研究。加强法治传播规律和全民守法规律的基础理论研究，加强新时代全民普法工作的应用性、对策性研究。完善法治宣传教育专家咨询制度。加强法治传播、法治文化等学科建设和人才培养。

落实经费保障。强化各级财政对规划实施的保障作用，把普法工作经费列入本级预算。按规定把普法列入政府购买服务指导性目录，加大对欠发达地区普法经费的支持力度。鼓励引导社会资金参与支持普法工作，加强规范和管理。

(5)加强评估检查

健全普法工作评估指标体系。对普法工作开展情况、工作成效以及公民法治素养提升效果开展综合评估,从实际出发设定评估参数,健全评估指标体系,提升评估的科学性和准确性。

开展中期评估和总结验收。加强规划实施中的动态监测,开展规划实施情况中期评估,重在发现问题,推动解决问题,并对工作突出的进行通报表扬。开展终期总结验收,加强评估结果运用。按规定表彰和奖励全国普法工作先进单位、先进个人和依法治理创建活动先进单位。

加强日常指导和监督。尊重群众首创精神,鼓励地方和基层聚焦问题开展差异化探索,及时发现、总结、推广经验,推动全民普法实践创新、制度创新、理论创新。注重清单化管理、项目化推进、责任化落实,防止形式主义、官僚主义,确保普法工作有声有色、有力有效开展。对重视不够、措施不力、落实普法责任制不到位的,普法主管部门应当发出普法提示函或建议书,必要时进行约谈,提出整改要求;对造成严重后果的,进行通报批评,依规依法处理。支持各级人大加强对全民普法工作的监督和专项检查。

知识链接

各地要加大全民普法力度,以国家工作人员、青少年、企业经营管理人员、村(居)民等为普法重点对象,同时实行公民终身法治教育,实现项目化运作、精细化管理,不断提升全民法治意识和法治素养,并结合全国文化中心建设,推动法治文化渗透,通过深入推进多层次多领域依法治理,强化法治的权威地位。

参考文献

[1]卢俊宇."枫桥经验"如何成为基层治理"金字招牌"[J].党员文摘,2019(1):14—15.

[2]赵书昭.运用辩证思维建设更高水平的平安中国[J].天津支部生活,2021(6):10—11.

[3]杨安,刘逸帆.市域社会治理现代化研究:意义、原则、逻辑、框架和路径[J].社会治理,2020(5):13—25.

[4]黄启元.新时代社会治安综合治理的路径[J].百科论坛电子杂志,2020(11):87.

[5]郭声琨.建设更高水平的平安中国[J].长安,2020(12):16—20.

[6]唐亚林,钱坤,徐龙喜,王旗.社区治理的逻辑:城市社区营造的实践创新与理论模式 [M].上海:复旦大学出版社,2020.

[7]金国华.平安建设与社会治理[M].上海:上海社会科学院出版社,2015.

[8]黄克.平安建设探索[M].桂林:广西师范大学出版社,2016.

[9]马明.平安建设理论与实践导读[M].呼和浩特:内蒙古人民出版社,2014.

[10]陈明甫.法治视角下的平安建设[M].济南:山东大学出版社,2016.

[11]李继林.高校突发群体性事件的预防策略与应对方案[J].人民论坛,2016(31):117.